AF356736

FIGURES D'ALSACE-LORRAINE

FIGURES
d'Alsace=Lorraine

CONFÉRENCES

FAITES A PARIS A LA SALLE DE GÉOGRAPHIE

SOUS LES AUSPICES DE

« *L'ALSACIEN LORRAIN DE PARIS* »

(1912-1913)

PAR

MM. Henri Welschinger, membre de l'institut
Paul Acker ;
L'Abbé Wetterlé, député d'alsace-lorraine au reichstag ;
Emile Hinzelin ; André Lichtenberger,
Jacques Preiss, ancien député d'alsace-lorraine au reichstag

Dix Portraits

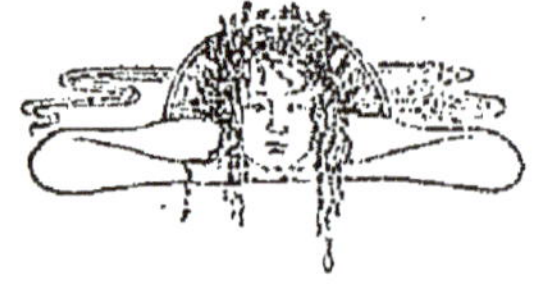

LIBRAIRIE ALSACIENNE-LORRAINE
1, rue de Médicis, PARIS VIe
1913

FIGURES

d'Alsace=Lorraine

CONFÉRENCES

FAITES A PARIS A LA SALLE DE GÉOGRAPHIE

SOUS LES AUSPICES DE

« L'ALSACIEN LORRAIN DE PARIS »

(1912-1913)

PAR

MM. HENRI WELSCHINGER, MEMBRE DE L'INSTITUT

PAUL ACKER ;

L'ABBÉ WETTERLÉ, DÉPUTÉ D'ALSACE-LORRAINE AU REICHSTAG ;

EMILE HINZELIN ; ANDRÉ LICHTENBERGER,

JACQUES PREISS, ANCIEN DÉPUTÉ D'ALSACE-LORRAINE AU REICHSTAG

DIX PORTRAITS

LIBRAIRIE ALSACIENNE-LORRAINE

1, rue de Médicis, PARIS VIe

1913

M. FLORENT-MATTER

DIRECTEUR-FONDATEUR

DE « *L'Alsacien-Lorrain de Paris* »

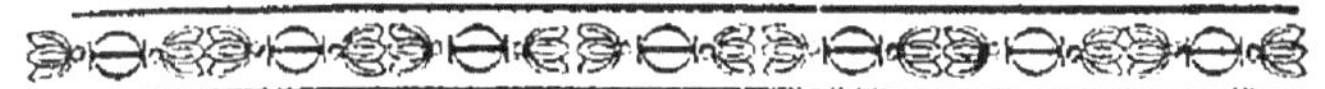

PRÉFACE

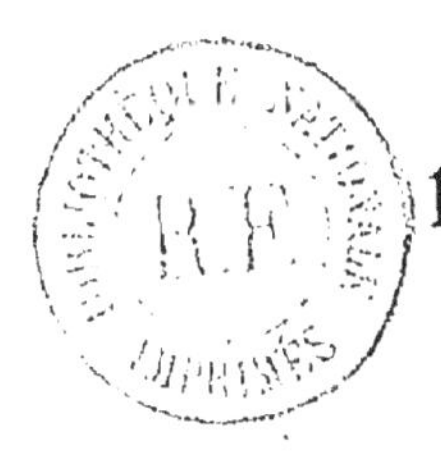

—

L'Alsace-Lorraine est en honneur. Jamais autant qu'aujourd'hui, si ce n'est peut-être en 1887, la France n'a davantage regardé vers les Vosges. Littérateurs, journalistes, hommes politiques, célèbrent les vertus de nos deux provinces. Les partis ont fait trève à leurs querelles pour songer à elles et tel qui, hier, se désintéressait de leur sort, affirme aujourd'hui que l'Europe ne saurait vivre en paix tant qu'elles seront malheureuses.

Car tous en ont la conviction. Le temps n'est plus où les fidèles lutteurs de là-bas étaient pour nous des « Prussiens » ; leur accent ne fait plus rire, il émeut.

Nous connaissons leurs noms. Pas un patriote qui ignore l'abbé Wetterlé ou Zislin, Samain, de *La Lorraine Sportive*, Jean, du *Souvenir Alsacien-Lorrain*, ou l'excellent Hansi.

Notre presse quotidienne semble avoir compris son rôle. Elle en parle volontiers, lui consaere de longs et fréquents articles et ne confie plus à ses correspondants de Berlin la mission d'en entretenir le public français. Si ses informations ne sont pas parfaites, il y a du moins de la bonne volonté, un effort vers la vérité. Les Alsaciens-Lorrains lui en savent gré, et ils ont raison.

De nouvelles générations se sont levées de chaque côté de la frontière, moins idéalistes et moins lyriques, mais plus positives et plus sages. Elles n'aiment point parler de Revanche — leurs pères ont tant abusé du mot! — qui, cependant, oserait dire qu'elles n'y songent pas?

Un nouvel état d'esprit s'est créé grâce à elles. Là-bas, on ose davantage, on résiste pied à pied, de la défensive on passe même à l'offensive, et chacun prend sa place au combat.

Ceux qui étaient rentrés sous la tente, croyant n'en jamais plus sortir, rebouclent leur ceinturon. Sous l'impulsion de cette jeunesse ardente, le Devoir apparaît à tous. Il n'est point de barrière contre le Droit; s'il se heurte à la Force, l'Europe l'entend. Là encore, le but est en partie atteint.

Ici, c'est le même réveil dans les âmes et dans les cœurs. Qu'un député alsacien soit bâillonné, qu'un dessinateur mulhousien soit emprisonné, qu'un étudiant strasbourgeois soit expulsé, ou

qu'une société lorraine soit dissoute, c'est toute
la France qui tressaille.

Les fils de ceux qui ont vu la guerre, les pe-
tits-fils de ceux qui se sont battus, acceptent
des deux côtés des Vosges l'expiation douloureuse.

Ils exècrent les rhéteurs et les poètes, ils veulent agir. En ouvrant leurs yeux à la vie nationale, leur déception a été grande. Après quarante
ans, leurs pères n'ont point refait la France.
Cette tâche leur incombe, il ne leur suffit point
de gémir.

Et ainsi s'élabore, sous le fardeau de leurs
responsabilités, une œuvre nette et précise ;
ainsi se façonne, sous l'empreinte de notre humiliation persistante, une conscience nationale,
plus virile et plus saine. Voilà le fait nouveau.

Ceux-là veulent connaître la France pour l'aimer mieux encore ; ceux-ci veulent connaître
l'Alsace-Lorraine pour pouvoir la servir. Par
dessus les frontières, ils se tendent les mains.
Tout l'avenir est dans cette union fraternelle et
filiale. L'Allemagne se chargera du reste.

*
* *

Pendant la période de désintéressement de la
France, les Alsaciens-Lorrains se sont crus définitivement abandonnés.

Pour n'en avoir point parlé, la France a laissé croire qu'elle oubliait. Hormis un petit noyau de fidèles et d'Alsaciens-Lorrains qui se réunissaient chaque année au pied de la statue de Strasbourg, hormis quelques rares écrivains qui réussirent quelquefois à vaincre l'indifférence ou le mauvais vouloir des grands journaux et des éditeurs, personne, si ce n'est Déroulède du fond de son exil, ne rappela au pays l'imprescriptible devoir.

Et pour ne point avoir à parler des réparations nécessaires, on se borna à glorifier l'héroïsme de ceux qui moururent en combattant. On exalta la Défaite, sans comprendre, sans sentir ce qu'un tel idéal aurait d'émollient pour l'âme nationale.

Les générations nouvelles grandirent au milieu de cette atmosphère de douleurs et de larmes et lasses d'entendre pleurer et gémir ceux qui auraient dû plutôt agir, elles écoutèrent tout naturellement d'une oreille attentive la chanson pacifique et humanitaire qui versait l'Oubli.

Ce fut dès lors, vis-à-vis des pays annexés, une véritable conspiration du silence. L'opinion publique, de très bonne foi, crut l'Alsace-Lorraine résignée à son sort et, sinon germanisée, du moins en bonne voie de l'être. On célébra la Paix et nulle part plus qu'en France on ne mit en doute la possibilité de nouvelles luttes sanglantes, restes de barbarie et vestiges d'un autre âge. On désarma partiellement avec le service de deux ans, tout prêt à réduire encore les charges militaires, tandis que l'internationalisme, faisant place bientôt à l'antimilitarisme et à l'antipatriotisme, menaçait, de sa vague rouge, de tout submerger.

Pour n'en avoir point parlé la France oublia le Devoir. De son côté, l'Alsace-Lorraine crut à notre désintéressement et à notre abandon. Lasse de subir tant d'épreuves, d'endurer tant de maux, de sacrifier depuis de si longues années ses intérêts matériels les plus précieux à ses sentiments intimes les plus chers, lasse de sentir sa fidélité incomprise ou méconnue par nous-mêmes, elle se résolut la mort dans l'âme à tourner ses regards vers le conquérant et à tenter d'assurer par des concessions politiques sa vie économique et matérielle.

Ainsi, pour n'en avoir point parlé, la France encouragea les renoncements et facilita les défaillances. Mais le vainqueur n'a point l'âme généreuse, il veut qu'on l'aime et ils l'exécraient. Manière douce, manière forte, tout échoua pour les conquérir. La germanisation n'avançait pas ; depuis cinq ans, elle recule.

L'Allemagne n'en doute pas, mais ses efforts sont vains. La poussée vient d'en bas, des couches nouvelles formées par l'école et la caserne allemandes. La bourgeoisie d'en haut reste rebelle à la civilisation germanique et repousse toute assimilation et tout contact. *Paul Ehrmann* et *Colette Baudoche* triomphent. C'est la faillite du conquérant qui se révèle quarante ans après la conquête.

L'Alsace-Lorraine s'affirme « autonomiste ». Sous le régime d'oppression et de contrainte qui l'écrase depuis quarante ans pourrait-elle donc demander davantage !

Interpréter ce vœu dans le sens d'une renonciation à la France, comme voudraient le faire croire certains Français plus pressés de s'entendre avec l'Allemagne qu'elle même ne semble l'être, c'est la méconnaître et la calomnier.

Dans une lettre adressée au professeur Hervé, un de nos compatriotes pose admirablement la question :

« De ce que l'Alsace-Lorraine réclame son autonomie, lui écrit-il, vous affirmez qu'elle ne désire plus redevenir française ; de ce qu'étant en prison vous réclamez votre mise au régime des détenus politiques au lieu du régime du droit commun, devons-nous en conclure que vous n'aspirez plus à la liberté ? »

On ne saurait mieux dire. Le particularisme que proclament nos deux provinces contient tout ce qui nous est cher : souvenirs, traditions, mœurs et coutumes, langage et culture. Elle maintient, elle persiste et elle dure, que pourrions-nous lui demander de plus ?

Ayons confiance en elle. Ne lui posons pas, comme tant de Français qui ignorent tout de son âme et de son cœur, cette question ridicule : Veut-elle redevenir Française ?

Lui avons-nous posé la douloureuse question quand nous l'avons livrée, en 1870, comme rançon de la patrie vaincue. Avons-nous écouté ses émouvantes protestations ? Son sort, depuis quarante ans, n'est-il pas entre nos mains, **n'est-ce pas de nous seuls, soit de notre diplomatie, soit de nos armes, que dépend sa libération ?**

Ainsi donc, soyons fidèles à sa pensée. Laissons là à sa guise lutter pour « vivre », ne nous immisçons pas dans ses querelles, n'intervenons point dans la bataille qu'elle livre sur le terrain qu'elle a choisi, et surtout ne la jugeons pas, si nous ne voulons pas que trop sévèrement, à son tour, elle nous juge.

Qu'elle sache seulement que le cœur des Alsaciens Lorrains de France et de tous les Français tressaille d'allégresse au spectacle de son courage, de sa hardiesse et de sa ténacité ; qu'elle se dise que son attitude crée des liens nouveaux entre ses enfants et les nôtres et, qu'au plus profond de leurs êtres, ils éveillent de mêmes espoirs ; qu'elle croie à notre amour et à notre fidélité.

FLORENT-MATTER.

I

CONFÉRENCE

DU 4 DÉCEMBRE 1912

PAR

HENRI WELSCHINGER

Membre de l'Institut

Le Général Uhrich

ET LE

Siége de Strasbourg

M. Henri Welschinger

LE GÉNÉRAL UHRICH

ET LE SIÈGE DE STRASBOURG

J'ai, l'an dernier, parlé ici même de Strasbourg et de sa conquête par la France sous Louis XIV. J'ai aujourd'hui à vous parler de la perte douloureuse de cette glorieuse ville en 1870.

Mon but principal est de montrer que tout a été entrepris et exécuté par les défenseurs de Strasbourg pour la conserver à la France, quoiqu'ils n'eussent pas, pour soutenir le siège, les ressources sur lesquelles ils auraient pu compter, et qu'un gouvernement prévoyant aurait dû accumuler dans la ville. Chose extraordinaire ! et dont, malgré mes recherches attentives, je ne suis pas encore arrivé à me rendre bien compte, le ministère qui déclara la guerre ne pensa pas à donner à la ville qui devait — en cas de revers — être la première assiégée, une garnison nombreuse et des pièces de marine se chargeant par la culasse, comme celles qui furent placées plus tard dans les forts de Paris et les rendirent imprenables. On croyait tellement à des succès, à des triomphes certains, qu'on négligeait d'armer Strasbourg, comme on négligeait d'achever les fortifications de Metz. Dès 1866, le général Ducrot avait demandé que l'on construisît autour de Strasbourg, sur les points mêmes où les Badois vinrent installer leurs batteries de siège, des forts ou des ouvrages de défense. On ne l'écouta pas et l'on dépensa, pour l'escalier du Trocadéro et les alentours de cette promenade, les 15 millions qui eussent suffi à augmenter la sécurité de Strasbourg. Lorsque le général Uhrich arriva dans cette ville, le 21 juillet, la place n'avait même pas sur ses remparts — cinq jours après la déclaration de guerre, — l'armement de sûreté ordinaire. Elle possédait comme matériel 250 bouches à feu, de *14 calibres différents*, et toutes d'anciens modèles, se chargeant par la bouche. Elle avait beaucoup de boulets ronds et peu d'obus. Comme troupes d'infanterie, la place avait seulement quatre dépôts réduits aux ouvriers, deux des 18e et 96e de ligne, deux des 10e et 16e bataillons de chasseurs. Comme artilleurs, elle avait deux faibles dépôts des 5e et 20e régiments, et quelques pontonniers

du 16ᵉ. Comme génie, elle avait *huit* soldats et *huit* sous-officiers !...

Le maréchal de Mac-Mahon — qui vint à
Strasbourg, à la fin de juillet, et tint quelques jours son quartier général au château
— fit appeler, le 4 août, le général Uhrich
et l'informa qu'il allait être aux prises avec
le prince royal de Prusse. Son intention
avait été de donner à la ville une brigade, mais il avait besoin de toutes ses
forces contre un ennemi supérieur, et il
ne pouvait laisser qu'un régiment, le 87ᵉ,
avec le colonel Blot. Le 6 août, Uhrich
recevait de Mac-Mahon cette courte dépêche : « *J'ai combattu ce matin l'ar-*
« *mée allemande. J'ai perdu la bataille.*
« *Envoyez-moi des vivres et des muni-*
« *tions. Je n'ai plus rien.* » La veille,
Uhrich avait expédié au 1ᵉʳ corps un convoi de vivres considérables.

Du 6 au 9 août, un détachement du 74ᵉ,
un autre du 78ᵉ de ligne, puis un bataillon du 21ᵒ rentrèrent en désordre, sans
effets et sans armes, à Strasbourg, après
la déroute de Frœschwiller. Uhrich avait
donc à sa disposition, pour lutter contre
une armée tout entière qui allait, dès le
11 août, assiéger la ville, 10.000 hommes
de la ligne et de la garde mobile et 4.000
gardes nationaux, avec quelques marins
et douaniers. Sur ces 14.000 hommes,
quatre mille étaient exercés au combat,
mais, parmi eux, deux mille avaient été

démoralisés par les premiers revers. Les autres n'avaient pas tiré un coup de fusil. Tous ces éléments formaient, dit Uhrich, un « *véritable habild'Arlequin* ». Les défaites de Wissembourg et de Frœschwiller ne laissaient plus à la ville aucun espoir de secours.

Telle était la situation réelle de Strasbourg au 4 août.

C'est donc avec 10.000 hommes de troupes et 4.000 à 5.000 gardes nationaux, réunion de pauvres débris d'armée et de soldats improvisés, que le général aura à se défendre contre un ennemi ayant à sa disposition quatre ou cinq fois plus de troupes régulières et un armement supérieur, des canons se chargeant par la culasse, et un matériel de siège formidable! Mais le brave Uhrich ne se troubla pas et résolut de montrer aux Badois comment un général français peut résister, jusqu'à la dernière minute, à des forces formidables, et défendre avec énergie l'honneur du drapeau français.

J'entreprends devant vous cette histoire glorieuse après m'être consciencieusement documenté.

La baronne Pron, femme du préfet de Strasbourg en 1870, a recueilli ses souvenirs du siège dans un petit opuscule tiré à quelques exemplaires pour sa famille. Sa fille, Mme de Martignac, a eu l'extrême obligeance de me le communiquer.

Vous verrez que ces souvenirs, dont je
compte me servir au cours de cette conférence, sont aussi réconfortants qu'émouvants. A leur exactitude, à leur fidélité,
se joignent les preuves d'une bravoure
naturelle et d'une délicatesse qui sont
bien d'une femme française. Ils ont pour
titre cette simple et significative devise :

Le Temps use l'acier, mais non le souvenir.

J'y joindrai aussi des extraits touchants
du « *Journal d'une Petite bombardée* »,
par Rita Gauckler, journal enfantin où
les détails les plus modestes se mêlent
aux plus graves événements, et qui devient même éloquent quand il raconte
les choses les plus banales en apparence.
J'appuierai ces récits inédits des notes et
impressions de Marc Bonnefoy, lieutenant au 2ᵉ bataillon du 21ᵉ de ligne.

A ces documents importants j'ajouterai
les notes mêmes du général Uhrich, puis
des détails pris dans le livre de Schneegans, *Quarante Jours de Bombardement*, et d'autres livres strasbourgeois,
enfin dans le bel et récent ouvrage du
Dʳ Goldschmidt, « *Autour de Strasbourg
assiégé* », témoin actif et sincère qui, à
ses souvenirs personnels, a ajouté ceux
de M. Ehrhardt, de Schiltigheim, et du
pasteur Meyer, d'Oberhausbergheim. Je
tiens, même dans un rapide résumé, à ne
rien laisser dans l'ombre, afin de vous

donner une vue réelle de l'un des plus mémorables sièges de l'Année terrible.

*
* *

Quand la guerre éclata, le général Uhrich, âgé de 68 ans, demanda à reprendre du service. Né à Phalsbourg en 1802, fils d'un chef de bataillon de génie, il était le troisième de cinq frères qui entrèrent les uns à St Cyr, les autres à l'Ecole Polytechnique. L'aîné, Michel fut ingénieur en chef des ponts et chaussées, le second Adolphe, lieutenant de génie mourut en 1826; le quatrième Ernest, commandant de chasseurs à pied, mourut en 1869 ; le cinquième Gustave, intendant général mourut en 1873. Toute cette famille était une vraie famille militaire. Jean-Jacques Alexis Uhrich lui, était sorti de St-Cyr en 1819. Capitaine en 1831, chef de bataillon en 1841, lieutenant-colonel en 1845, colonel en 1848, général de brigade en 1852, général de division en 1855 il comptait à son actif les campagnes d'Espagne, d'Afrique, de Crimée et d'Italie. Il commanda ensuite à Limoges, Rennes et Nantes ou sa vigueur et son expérience laissèrent les meilleurs souvenirs En 1867, il fut placé dans le cadre de réserve et, en 1870, il en sortit, sur sa demande, pour courir de nouveau à l'ennemi, tandis que son fils était attaché comme officier à l'état-major de Mac-Mahon. Il était de ces Alsaciens carrés et entêtés qui opposent une résistance invincible à ceux qui voudraient le faire sortir du droit chemin, disant avec notre vieux proverbe : *Wo nix isch, hèt der Kayser's reecht verlore !*

Uhrich avait demandé à commander à Metz ou à Strasbourg. On lui donna cette dernière ville, sachant bien qu'il la défendrait jusqu'à la dernière extrémité. S'il eût été à Metz, peut-être eût-il pu contribuer à prévenir une capitulation qui sera pour l'admirable armée du Rhin une douleur éternelle et pour Bazaine une éternelle honte... Et bien, chose extraordinaire, le général Uhrich dont la conduite a été si ferme et si brillante, a été exposé à des blâmes dont je montrerai l'injustice. C'est un acte d'équité que je veux remplir, et pas plus que je n'ai hésité à défendre la mémoire d'autres innocents, je n'hésiterai pas aujourd'hui à accomplir cet acte et à en revendiquer l'honnenr.

***

Arrivé à son nouveau poste, Uhrich demanda, dès le 27 juillet, au ministre de la Guerre l'autorisation de faire abattre les constructions et plantations de la zone militaire. Le ministre lui interdit de faire ce travail qui ne devait avoir lieu qu'à *la dernière extrémité.*

Uhrich y fut autorisé seulement à partir du 11 août. en vue même de l'ennemi. Il avait trouvé la place dans un état lamentable. Les remparts abandonnés sans même le matériel de sûreté ordinaire, les poudrières non recouvertes de terre, les chemins de ronde sans palissades et sans abris, aucune casemate, le garde mobile sans armes et sans uniformes, quelques soldats de dépôt, des fuyards de Wissembourg et de Wœrth sans armes et sans sacs, quelques douaniers, quelques pontonniers, quelques marins de la flottille destinée au Rhin. Avec cela il fallait constituer deux régiments de marche, un d'infanterie, un de cavalerie et créer des cadres, car il n'y en avait aucun.

Ajoutez à cette lamentable situation les préoccupations énormes du service des munitions et des vivres, de l'artillerie de rempart à constituer avec les pièces antiques de l'arsenal, le misérable état de la citadelle, la protection de la ville contre les incendies, les ambulances à former, les hopitaux à organiser, les logements à trouver pour les populations voisines qui, affolées se ruaient dans la ville. C'est au milieu de ces difficultés, de ces soucis douloureux et perpétuels que Strasbourg fut investie le 10 août et menacée d'un bombardement prochain.

Sans l'assistance du baron Pron, le préfet, du maire Humann, de MM. Alphonse et Auguste Saglio, de quelques valeureux citoyens et du Conseil de défense, le général Uhrich eût fatalement succombé à la tâche.

Mais il était soutenu dans le calvaire qu'il allait parcourir, par sa fermeté, son énergie, son opiniâtreté et son mépris de la mort Il arriva, sous le feu de l'ennemi, à mettre la ville en état de défense, à former deux régiments, à habiller et exercer la garde mobile et la garde nationale, à utiliser excellemment les douaniers, les pontonniers et les marins, à ramener la discipline parmi les troupes débandées de Wœrth, à éviter le retour de quelques faiblesses déplorables, à se servir des meilleurs moyens pour combattre les incendies et à tenter même, avec ses faibles forces, quelques sorties. On lui reprocha plus tard la combustion d'un grand nombre de fusées percutantes dans le feu qui dévora la citadelle ; mais où aurait-il pu le mettre ailleurs que là ? On a regretté aussi qu'il n'eût pas fait de blindages ; mais il n'avait ni le bois, ni le temps, ni les ouvriers pour cela. On le blâma de n'avoir pas créé des galeries de mines. Il n'avait même pas un détachement de troupes du génie S'il n'a pas formé de compagnies auxiliaires, c'est qu'il ne possédait ni sapeurs ni mineurs et de telles compagnies d'ailleurs ne s'improvisent pas. Quant aux palissades dont on dit que les chemins ouverts ne furent pas munis, on oublie de mentionner que ces palissades, à peine établies sur ses ordres, étaient aussitôt renversées par le canon ennemi et que nombre d'ouvriers ont été tués ou blessés en faisant ce travail difficile. Ces reproches du Conseil d'enquête, comme bien d'autres que j'examinerai plus tard, ne tiennent donc pas.

A la première nouvelle de nos revers et au moment où l'ennemi allait investir Strasbourg, le préfet baron Pron, qui depuis cinq années dirigeait la préfecture du Bas-Rhin avec une sage énergie, dès la première nouvelle de nos revers, voulut relever le moral de ses administrés par une proclamation virile qu'il soumit au général Uhrich et que celui-ci s'empressa de signer. La voici :

« Habitants de Strasbourg,

« Des bruits inquiétants ont été répan-
« dus ces jours derniers, involontaire-
« ment ou à dessein, dans notre brave
« cité. Quelques individus ont osé mani-
« fester la pensée que la place se rendrait
« sans coup férir. Nous protestons énergi-
« quement, au nom de la population cou-
« rageuse et française, contre ces défail-
« lances lâches et criminelles. Les rem-
« parts sont armés de 400 canons. La gar-
« nison est composée de 11,000 hommes,
« sans compter la garde nationale séden-
« taire.

« Si Strasbourg est assiégé, Strasbourg

« se défendra, tant qu'il restera un soldat,
« un biscuit, une cartouche.

« Les bons peuvent se rassurer,
« quant aux autres, ils n'ont qu'à s'éloi-
« gner. »

Dès le 7 août, le gouverneur avait formé un conseil de défense qu'il présida avec
le général Moreno, le colonel Ducasse, le
colonel Fiévet, le colonel Sabatier, l'intendant Lavalette, le colonel Blot et le
contre-amiral Excelmans, noms qui doivent être inscrits sur le livre d'or des braves.

Le général Uhrich fractionna la garnison en trois groupes : un tiers aux remparts — un tiers de piquet — un tiers au
repos et tout le monde sans cesse prêt à
marcher. Le mot d'ordre fut : « En cas de
« sommation de se rendre, refus énergique
» et défense de la place par tous les mo-
« yens possibles. » On avait du pain pour
quatre mois et de la viande pour deux,
mais comme l'effectif s'était un peu aug-
menté, on soumit les approvisionnements
à un contrôle de surveillance rigoureux
avec l'appui vigilant du préfet, du maire
et des docteurs Küss et Hergott, on organisa des ambulances qui fonctionnèrent
parfaitement.

Le 8 août, un poste de uhlans s'était
montré à la porte de Saverne ; l'officier
qui le commandait vint, en parlementaire,
sommer le colonel Ducasse qui se trouvait

là, de rendre Strasbourg dans les 24 heures. Le colonel Ducasse fit la réponse que
vous devinez et l'officier badois se retira
au plus vite.

Le 11 août, du haut de l'Observatoire
de la Cathédrale, on signala l'arrivée de
fortes colonnes ennemies qui débordaient
de Schiltigheim par la route de Lauter-
bourg et venaient prendre position à
Schiltigheim, Mittelshansbergeim et Ober-
hausbergeim.

Le 12 août, l'ennemi échangea quelques
coups de fusil avec les soldats des ouvrages avancés. Le 14 août, une reconnaissance de neuf cents hommes de notre infanterie, avec 50 cavaliers et 2 canons
alla à la Robertsau jusqu'à la forêt de la
Wantzelau pour y couper le pont sur l'Ill et
revint en ramenant cinq soldats badois et
un officier. Dans la nuit du 14 au 15, l'investissement de la ville par l'armée assié-
geante fut complet. Une batterie ennemie
s'était placée devant Kœnigshofen et deux
autres à la croisée des chemins de fer du
Nord et près du cimetière du Sud-Ouest.
Le soir du 14 août, le pont des colonnes
qui relie Strasbourg et la Robertsau,
sauta avec un bruit qui retentit jusque
dans la ville.

Le 15 août, on pavoise la Cathédrale.
Les cloches sonnent pour la grande fête
de l'Assomption et de l'Empereur. La
journée se passe dans une tranquillité

surprenante. On se promène en habits de fête, on rit et l'on chante dans les rues... Vers onze heures du soir, des obus éclatent sur la place de Brgolic et dans le voisinage de la Cathédrale .. Sans sommation aucune, le bombardement est commencé.

Le général de Werder avait pris la direction du siège avec un corps d'investissement évalué à 65.000 hommes, dont 45.000 fantassins, 3.650 cavaliers, 2.900 pionniers, 1.900 soldats du train, 2.830 artilleurs de campagne et 7.300 artilleurs munis d'un matériel d'artillerie formidable. *Contre ces dix mille artilleurs* nous n'avions à opposer que deux ou trois cents artilleurs improvisés et d'anciens canons démodés de divers calibres. Et cependant, ces modestes soldats, parmi lesquels se distinguaient ceux de la Garde Nationale, firent malgré tout d'excellente besogne.

Le village d'Achenheim, Schaffolsheim, Illkirch, Hœnheim, Bischeim, Schiltigheim et la Robertsau, avec vingt autres villages des alentours sont occupés par les troupes allemandes et forment un cercle d'investissement absolu. On menace de la peine de mort les habitants qui serviront d'espions à l'armée française, qui tromperont les armées allemandes, tueront ou pilleront leurs soldats ou leur suite, détruiront des ponts, des télégraphes et des voies ferrée. On arrête les suspects, entr'autres le baron Renouard de Bussierre, député du Bas-Rhin, qui avait installé une ambulance en son château de la Robertsau et on l'envoie à pied dans ses vêtements de matin et en pantoufles jusqu'à Auenheim, d'où on le dirige sur la forteresse de Rastdat. On force les habitants à donner aux soldats badois leurs provisions et ce qu'ils ont de meilleur. On enlève les chevaux, les charrettes et voitures et on soumet brutalement les pays à des vexations de tout genre. On entend les soldats se réjouir des succès de leur obus tombant sur la ville et s'écrier : « *Ach ! wie schön brennt es in Strassburg !* » « Oh ! que Strasbourg en flammes est beau à voir ! » Les habitants du Neudorf sont expulsés tout à coup, et c'est pitié de voir ces malheureux emportant soit sur des charrettes, soit sur leur dos, leurs effets les plus précieux ou les plus indispensables, traînant à leur suite de nombreux enfants qui pleurent et allant à l'aventure chercher un gîte provisoire. A Schiltigheim, les Badois pillent les banques et se saoûlent à l'envie, « *wie e birschtebinder* ».

Revenons en ville Le 16 août, le général Uhrich envoie par la route d'Illkirch une reconnaissance de 800 fantassins, 200 cavaliers et deux sections d'artillereie pour fouiller les environs de Neudorf. Devant un ennemi très nombreux, la reconnaissance plia et fut ramenée en désordre sous les murs. Le colonel Fiévet qui avait voulu maîtriser la panique, fut blessé très sérieusement.

Le 18 août, cette malheureuse sortie fut réparée par un petit succès. 600 hommes du 87e, sous la direction du colonel Blot, se jetèrent sur le cimetière Ste-Hélène, occupé par les Allemands, en renversèrent les clôtures, coupèrent les arbres qui gênaient la défense, incendièrent les branches voisines, puis se replièrent avec autant d'ordre que sur un terrain de manœuvres.

Le 19, les obus ennemis arrivent en nombre sur la ville, d'autres éclatent contre la citadelle et l'arsenal. « Rien « n'agace les nerfs, dit le lieutenant Bon- « nefoy, qui était là, comme de ne pouvoir « répondre au feu de l'ennemi et voilà « plus d'une heure qu'on nous canonne « impunément de Kehl. Enfin, l'ordre ar- « rive. Les soldats s'attellent avec joie à « une pièce de 24 pour en tourner la « gueule vers la Rhin. On vise le clocher « de Kehl... Le branle-bas est général et « au bout d'une heure les batteries prus- « siennes sont réduites au silence, tandis « que Kehl est en flammes. » La riposte, hélas, sera terrible, et nous aurons de la peine à rendre coup pour coup.

La Maison du *Bon Pasteur* est en feu

et les religieuses ne la quittent qu'au dernier moment. De pauvres enfants, dans cet ouvroir, rue de l'Arc en-Ciel, sont tuées. D'autres sont blessées et Mgr Raess accourt les consoler. L'évêque donne l'exemple du courage et refuse de quitter le premier étage de l'évéché, cependant fort exposé, pour aller se réfugier dans les caves. Les victimes de l'ouvroir sont tellement mutilées que les soldats venus à leur secours, écartent les religieuses, en disant : « Ce n'est pas un spectacle pour les femmes ! » L'une de ces enfants dit simplement : « Nous faisons le sacrifice « de notre vie pour que le bon Dieu épar- « gne celle des soldats ! » Huit d'entre elles subirent courageusement l'amputation et quelques-unes n'y purent survivre.

Le 19 août, le général de Werder, qui faisait pleuvoir sur la ville des milliers d'abus, osa écrire au général Uhrich qu'il avait eu le tort grave de mettre en feu avec ses canons la ville de Kehl qui n'était pas fortifiée : « Une pareille ma- « nière, disait-il, de faire la guerre qui « est inouïe chez une nation civilisée, me « force de vous rendre personnellement « responsable des suites de cet acte. En « outre, je fais estimer les dégâts et en « cherche une indemnité par des contri- « butions frappées en bloc. »

Uhrich répondit aussitôt :

« Je ne m'attendais pas, je l'avoue, à
« être accusé d'avoir contrevenu aux lois
« de la guerre et aux usages des peuples
« civilisés. Sans aucun but militaire et
« sans aucun avertissement préalable,
« des batteries assiégeantes ont lancé, le
« 15 août d'abord, et le 18 août ensuite, des
« boulets incendiaires sur les habitations
« de Strasbourg ». Uhrich rappelait la mort
cruelle de plusieurs bourgeois inoffensifs et de six orphelines. « Un incendie
« considérable, allumé par des projecti-
« les, a réduit à la misère un certain
« nombre de familles et cela, je le répète,
« sans autre but possible que celui de la
« destruction et de frapper dans leurs in-
« térêts et dans leur personnes de simples
« et bien inoffensifs citoyens. Je n'accepte
« donc pas et je vous invite à retirer
« l'accusation que vous essayez de faire
« peser sur moi. Si Kehl n'est pas une
« place forte, il est tout au moins un
« poste militaire entouré de deux forts et
« exposé uniquement à tous les dangers
« résultant de la guerre. C'est de là,
« d'ailleurs, que sont partis un grand
« nombre de coups dirigés sur la citadel-
« le. Dans tous les évènements qui se sont
« succédés depuis quelques jours, je n'ai
« qu'un regret : C'est de vous voir four-
« nir un prétexte pour frapper d'une nou-
« velle imposition la malheureuse Alsace si
« imposée déjà ! »

Le général de Werder, un peu décon-
certé par cette verte riposte, répondit que
le 8 août le major de Amerungen était
venu, sous peine de bombardement, offrir
à Strasbourg de capituler et répéta que
Kehl n'était pas une place forte. Puis in-
formant Uhrich d'une nouvelle défaite des
Français sous Metz le 18 août, il l'invita
« *au nom de l'humanité* à éviter une
« effusion de sang inutile et à sauver de la
« perte qui l'attendait la belle ville de
« Strasbourg pour laquelle lui et ses sol-
« dats avaient toujours entretenu *des sen-
« timents de voisinage amical.* Il vous
« est permis, disait-il, de vous assurer par
« vous-même que je suis établi devant la
« forteresse avec 65,000 hommes et 320
« pièces. » Il lui offrait des conditions ho-
norables pour capituler, mais si le siège
continuait, il devrait les rendre plus rigoureuses.

Uhrich répliqua le 24 que la première
sommation faite par l'officier allemand lui
avait paru « une plaisanterie d'un goût
douteux » et qu'il n'avait pas jugé nécessaire d'y attacher la moindre attention. A la sommation nouvelle il répondait : « Je ferai de grands sacrifices pour
« sauver Strasbourg des effets du bom-
« bardement et d'un siège, mais je ne puis
« lui sacrifier mon honneur et mon de-
« voir. Votre cœur de soldat le compren-
« dra et je suis certain que dès ce mo-

« ment vous aurez quelque estime pour
« moi et pour les braves officiers qui
« m'assistent. » Uhrich ne demandait
qu'une faveur : c'était d'autoriser les femmes, les enfants et les vieillards à sortir
de la ville.

Le général de Werder, que les Strasbourgeois appelaient déjà le général de
Mœrder, répondit : « La sortie d'une par-
« tie de la population augmenterait les
« forces de la fortification et c'est pour-
« quoi je ne suis pas en état, quelque dou-
« loureux que cela soit pour moi, de don-
« ner à votre désir la suite que, dans l'in-
« térêt de l'humanité, je voudrais lui don-
« ner. » Tout au plus pouvait-il laisser
passer quelques personnes isolées, et notamment des étrangers, mais après avoir
vérifié leurs positions.

A la suite de cette correspondance, le
général Uhrich se tourna vers son chef
d'état-major le colonel Fiévet et lui dit : *
*Vous n'avons plus qu'une pensée main-
tenent : la défense à outrance.*

**
* *

Le 23 août, la proclamation suivante
était affichée sur les murs :

« Habitants de Strasbourg,
« Le moment solennel est arrivé.
« La ville va être assiégée et soumise
aux dangers de la guerre.

« *Nous faisons appel à votre patriotisme, à votre virile énergie, afin de défendre la capitale de l'Alsace, la sentinelle avancée de la France. Des armes seront délivrées aux citoyens désignés par le Maire à l'effet de concourir à la protection de nos remparts.*

« *Amis ! courage ! La patrie a les yeux sur nous !* »

Le Général C^t Supérieur,

UHRICH.

Le Préfet,   Le Maire,
   Bon **PRON.**   **HUMANN.**

Le moment solennel en effet était venu. De huit heures du soir à huit heures du matin, sans interruption, quarante-deux canons badois vomissent des obus sur la ville, pendant que de Kehl on bombarde sans relâche la citadelle.

Plus de mille shrapnells frappent les maisons particulières et les édifices publics, de préférence aux établissements militaires, et cela pour effrayer la population, et l'amener à solliciter la reddition de la place. Le Petit Séminaire, converti en ambulance et contenant des blessés, est atteint de toutes parts. Il faut porter les malheureux dans les caves. Les projectiles tombent sur l'Hospice, dans la rue de la Nuée Bleue et sur la Préfecture. L'église Saint-François, l'église Saint-Pierre-le-Vieux, le Temple Neuf,

l'Hôpital civil, la Cathédrale elle-même
sont frappés.

Dans la nuit du 24 au 25 août, 74 mortiers et canons de gros calibre lancent
4.400 obus qui font des ravages énormes.
Ce ne sont, dans la ville que murailles
éventrées, toitures défoncées, locaux incendiés... Le Musée de peinture, le Temple Neuf et la belle bibliothèque de la
ville, sont la proie des flammes. Dans ces
incendies disparaissent des livres très rares et le manuscrit incomparable de Herrade de Landsberg : *le Hortus deliciarum*, dont les calques, heureusement
gardés par un collectionneur de mérite,
ont pu servir à une reproduction très estimée ; mais, hélas ! ce n'est point l'original que nous enviait le monde entier.

Dans cette épouvantable tourmente, les
pompiers, les soldats, les habitants montrent le plus grand courage et cherchent
à éteindre les incendies qui se multiplient
partout. Sous une pluie d'obus et de bombes, le colonel Ducasse fait évacuer les
archives de la place, qui se trouvaient
dans le bâtiment de l'Aubette, place Kléber. Le docteur Goldschmidt, entre des
centaines d'actes de bravoure, cite le curieux trait suivant. Le sergent Ammel,
quoique blessé d'un éclat d'obus, se met
à chercher le colonel Ducasse, qui avait
disparu dans l'Aubette en flammes. Il le
trouva bientôt devant son logement,

cherchant à dévisser la plaque de cuivre placée à la porte d'entrée.

« Descendez vite, colonel, lui crie-t-il, vous risquez votre vie en restant ici un moment de plus. — Je ne veux pas, moi, que mon nom disparaisse dans les flammes ! » Ammel prend son couteau et fait sauter la plaque. Il l'emporte et descend avec le colonel. L'escalier s'écroule devant eux, mais Ducasse avait gardé son nom.

Le nouveau cimetière, créé au Jardin Botanique, allait s'emplir de morts et les ambulances des Grand et Petit Séminaires, du Lycée et du Gymnase protestant s'emplirent aussi de blessés. Les projectiles et le feu ne les épargnent point dans leurs lits et c'est pitié que de les voir se traîner à terre et supplier qu'on les porte dans les caves.

La place Kléber est jonchée de débris. Les obus qui sifflent dans les airs, les bombes qui éclatent avec fracas, les maisons qui s'écroulent, les flammes qui dévorent tout, rien n'épouvante les Strasbourgeois. C'est pour eux que le poète a dit :

Si fractus illabatur orbis
Impavidum ferient ruinæ.

« Que l'univers s'écroule sur eux, ses ruines les laisseront impassibles ! »

Les hommes éteignent les incendies,

enterrent les morts ou relèvent les blessés. Les femmes les soignent avec une affection touchante et, lorsqu'elles ont un instant de libre, vont prier Dieu à la cathédrale, comme la courageuse Mme Pron, qui allait tous les matins entendre la messe et dut plus d'une fois se jeter à terre pour éviter les éclats des obus tombant près d'elle. Après avoir cherché dans la prière un peu de réconfort, elle courait, comme ses dévoués compagnes, dans les ambulances et les hôpitaux prodiguer ses soins aux nombreuses victimes du siège, ou dans les pauvres logis, soulager d'innombrables misères.

Le journal de Mme Pron contient des pages saisissantes, d'une vérité et d'un réalisme terrifiants. « *25 août.* La nuit est af- « freuse. Il n'y a pas une seconde d'arrêt « dans le sifflement des obus. Deux sont « tombés dans les combles de notre hôtel « de la Préfecture. Presque toutes les « parties sont atteintes. — *26 août.* En « sortant à sept heures du matin, le feu « ayant un peu cessé, je vois une foule de « branches d'arbres pendantes. La foudre « semble avoir causé ces ravages. Nos « voisins, dans la rue, sont assis sur les « débris de leur mobilier ; des ménages « entiers sont campés devant la porte. « Une femme a été tuée dans la ruelle. Il « y a tant de désastres, que l'on cherche « des inspirations pour faire parvenir à

« l'ennemi l'écho de notre indignation,
« excitée par des procédés si contraires
« aux usages de la guerre. »

Un historien allemand, Bleibtreu, dit à
propos de ce bombardement cruel : « Au-
« cune armée civilisée ne s'est jamais per-
« mis de bombarder, de parti pris, la ville
« même et non les fortifications. Il ne peut
« pas être question d'une méprise. Wer-
« der ne le veut pas. Il avoue hautement
« qu'il a fait délibérément tirer sur la
« ville. On ne comprend pas comment une
« pareille manière d'agir ait pu encore
« trouver des défenseurs, car elle est sans
« exemple... L'appel réitéré de Werder à
« *l'humanité* ne peut être traité que de
« tartuferie. Quelle est l'humanité qui lui
« permettait d'envelopper la malheureuse
« cité dans une ceinture de flammes ?

« A Strasbourg, ajoute Bleibtreu, on a
« exercé une destruction systématique
« contre une ville inoffensive et il faut
« admirer la mentalité particulière des
« Allemands — pour ne pas employer une
« expression plus énergique — qui ont eu
« recours à un procédé aussi inoui contre
« une vieille ville impériale germanique.
« C'est là une méthode originale pour ga-
« gner l'amour de cette population et la
« ramener à des sentiments allemands ! »

Bleibtreu rappelle les incendies du Palatinat et les violences des soldats de
Louis XIV à Heidelberg, mais il recon-

naît cependant qu'il n'y a pas eu là de
bombardement prémédité, et cet Allemand s'écrie : « A Strasbourg, pour en-
« trer plus vite en possession d'une ville
« autrefois allemande, on a commencé
« par la détruire. Les temps modernes
« n'avaient rien vu d'analogue et on ne
« peut qu'abhorrer de pareilles mœurs !
« Elles constituent une tactique très nou-
« velle, qui ne peut être qualifiée que
« d'abus meurtrier de la force. Stras-
« bourg, *la Ville fiancée*, a été conduite
« dans les bras de l'Allemagne *d'une fa-
« çon réellement mongole*. Les Stras-
« bourgeois savaient encore assez l'alle-
« mand pour prononcer *Mörder* (meur-
« trier), le nom de Werder. Ce qui achève
« de le condamner, c'est qu'il ne se décida
« à un siège régulier que lorsqu'il eût
« constaté que la terreur et la violence ne
« pourraient, à elles seules, vaincre cette
« courageuse population et provoquer la
« capitulation immédiate ! »

Les mêmes sentiments se retrouvent
dans une lettre de Philippe Godet, ancien
précepteur du prince Frédéric Guillaume,
qui devint l'empereur Frédéric III. Il lui
écrivait en novembre 1870 : « Bombarder
« la ville de Strasbourg n'a servi à rien qu'à
« exalter la défense et à détourner de la
« cause allemande tous ceux qui y incli-
« naient. Suivant le mot de Fouché : *C'est
« plus qu'un crime, c'est une faute !* »

A côté du journal si noblement tenu et si grave, dans son émotion douloureuse, de la baronne Pron, vient se placer un cahier d'une fillette de onze ans, la petite Rita Gauckler, journal enfantin, où les détails puérils se mêlent aux plus sinistres événements, et qui impressionne même quand l'enfant raconte les choses en apparence les plus banales. Cette enfant est aujourd'hui grand'mère. Elle est la fille du savant ingénieur Gauckler, ancien inspecteur général des ponts-et-chaussées, qui fit de beaux travaux à Belfort et qui se distingua par son courage et ses services si utiles, pendant la guerre, à l'armée des Vosges. Je veux vous en citer quelques extraits :

Mercredi 24 août. — ... A huit heures du soir, commence un bombardement formidable et il dure encore, bien que j'écrive en ce moment à 4 heures moins un quart de l'après-midi. Un bombardement de vingt heures, c'est affreux ! Hier, j'ai été coucher dans la cave, moi sur un matelas avec tante Marie, et les autres personnes sur des chaises. Cette nuit ne s'effacera jamais de mon souvenir, et je suis bien contente que les chers petits, maman et papa, aient échappé à cette terrible chose ! Oh ! quand je serai grande, je pourrai dire que j'ai assisté au blocus, siège et bombardement de Strasbourg...

Jeudi 25 août. — La nuit de mercredi à jeudi a été terrible. Les bombes ont été lancées sur le Temple-Neuf, la Bibliothèque, le Musée, le Gymnase. Ils ont brûlé et tout détruit jusque tout près de chez nous. Nous croyions même que notre maison allait brûler et qu'il faudrait se sauver à travers les bombes. Bébé était éveillé et il souriait si gentiment qu'on oubliait un peu son chagrin... Oh ! maman, tu es en ce moment à Colmar et je pense que tu ne sais pas tout ce qui nous est arrivé et c'est cette pensée qui soutient mon courage. Grand papa, grand'maman, tante Anna, tante Marie, trouvent que j'ai été courageuse. Ah je suis bien malheureuse !

Dimanche 28 août. — La nuit de jeudi à vendredi a été aussi terrible... Au milieu de la nuit on est réveillé et on entend crier : « Le Lycée et le Grand Séminaire brûlent ! » Tout le monde se réveille et se sauve. La cave était tellement rouge qu'on se serait cru dans un salon plein de lumière... C'était la Cathédrale qui brûlait... Les Prussiens visent la Cathédrale. Une tourelle est déjà tombée, les autres penchent et sont en partie cassées... C'est affreux !

Lundi 29. — Ce matin, il y eu trois bombes dans la maison de grand papa et grand'maman, et entrées, toutes les trois, par la fenêtre de la chambre verte, du côté des armoires vitrées qui sont fracassées...

Mardi 30 août. — Le bombardement continue. La maison Lereboullet est brûlée. A dater de ce jour je ne puis plus aller chez grand'maman. Que je voudrais pouvoir reprendre des leçons avec Mademoiselle ! Avec quelle ardeur je reprendrai ma syntaxe et ma géographie. Et maman, pense-t-elle à sa Rita ? Sait-elle tout ce qui lui est arrivé ? Et mon papa, quand est-ce que je l'entendrai dire : Ma Fille ! Peut-être jamais plus !

Jeudi 1er septembre. — ... Ce matin, Bébé m'a réveillée. Je vis une femme coupée en deux et un enfant avec une jambe et un pied coupés !

Dimanche 4 septembre. — Ce matin, tante Marie et moi nous l'avons échappé belle. Voyant derrière nous un tas de gens se précipitant en criant et en entraînant cinq personnes, nous nous sommes arrêtés, par curiosité, sous un porche. Au même instant dégringola un tas de tuiles. Un obus venait de tomber...

Mardi 6 septembre. — Nous avons échappé à une bombe dans la rue du Faisan...

Mercredi 7. — Le bombardement continue toujours plus terrible. La caserne de la Finckmatt a brûlé tout entière. Le faubourg St-Pierre a continué à brûler. C'est affreux ! Oh ! maman, papa, mes petits, quand vous reverrai-je ? Et vous reverrai-je jamais ? O mon Dieu, permets que je les revois. J'ai tant de chagrin ! »

Et, dans son jeune patriotisme, Rita veut se signaler aussi. Ecoutez-la : « Nous « voudrions bien, Philippe et moi, faire « quelque chose pour la France. Elle a « besoin de tous ses enfants. Mais que « faire ? Tous deux nous avons décidé « que, *par patriotisme, nous ne parle-* « *rions plus allemand, mais ne nous* « *servirions que du patois alsacien !* » et les enfants répétaient le vieux dicton strasbourgeois :

« *Bôsewicht Schwobe ! ich will dir de grind putze !* — Vilain Allemand, je vais nettoyer ta gale ! »

Le désastre de Strasbourg était si grand qu'une députation alla prier Mgr Raess d'intercéder auprès de l'ennemi pour la malheureuse cité. L'évêque partit aussi-

tôt avec un officier et un parlementaire.
On ne le laissa venir que jusqu'à Schiltigheim. Le chef d'état-major de Werder
se rendit au devant de lui. L'évêque se
plaignit qu'on eût tiré sur la ville sans
avoir visé les remparts et tenté un assaut. « Un siège en règle, lui répond le
chef d'état-major, coûterait trop de monde. - Voulez-vous donc ruiner la Ville ?
— C'est la guerre ! — Les vieillards, les
femmes et les enfants pourront-ils sortir ?
— Ce serait prolonger la résistance ! —
Vos premiers coups ont porté sur de
pauvres petites filles. Ce sont vraiment
là de beaux moyens pour faire aimer les
Allemands ! » Malgré sa prière, l'évêque
n'obtient rien et, en s'en allant, il ne dit
plus que cette phrase éloquente : « Du
« reste, rien ne saurait ébranler le patrio-
« tisme des Strasbourgeois, et, s'il s'en
« trouvait un qui osât demander la reddi-
« tion de la ville, celui-là, de par le gé-
« néral, serait fusillé ! »

Quelle fut la réponse de l'ennemi ? A
peine Mgr Raess était il rentré que le
bombardement recommença violemment
et frappa la cathédrale elle-même.

« Vers minuit, dit un témoin, la cathé-
« drale s'éclaire subitement d'une lueur
« fantastique ; des obus ont traversé la
« toiture de la nef et en ont allumé la
« charpente. Les plaques de cuivre for-
« mant la couverture entrent en fusion et

« bientôt la nappe incandescente, aux re-
« flets bleus et verts, s'écroule à l'inté-
« rieur de l'édifice et allume les bancs du
« chœur. Une foule de gens et parmi eux
« des malades et des blessés qui s'y étaient
« réfugiés, croyant y trouver un lieu sûr,
« se sauvent affolés et courent de tous cô-
« tés pour chercher un autre abri. »

La toiture et la nef sont détruites, les
sculptures, les colonnettes, les statues
sont brisées, l'orgue est mutilé, de nombreuses verrières sont mises en mor-
ceaux... Telle est l'œuvre de ces nouveaux
Vandales qui tout à l'heure parlaient d'humanité !

Quand je songe à cet incendie affreux
qui embrasait notre magnifique cathédrale,
ma pensée se reporte à ces belles soirées
du 15 août, lorsque dans notre enfance
nous allions voir les feux de Bengale
rouges, verts ou bleus, illuminer les flè-
ches et faire ressortir d'un éclat féérique
les fines dentelures de ces pierres si mer-
veilleusement sculptées. Qui nous aurait
dit alors que des projectiles ennemis bri-
seraient cette œuvre d'art incomparable,
courberaient la flèche elle-même et dé-
voreraient la toiture en brisant l'orgue
et les vitraux? Jamais nous n'aurions cru
à un sacrilège pareil ! Aussi, l'âme de la
cathédrale en a-t-elle gardé une blessure
inguérissable et cette blessure-là nous en

sentons encore aujourd'hui la souffrance
et l'horreur,

.·.

Faut-il continuer à décrire jour par
jour, nuit par nuit, du 27 août au 27 septembre, les effets de ce bombardement
tragique, les incendies multiples des fau-
bourgs de la ville, les maisons s'écrou-
lant par centaines, les citoyens inoffensifs tués ou cruellement blessés, le
préfet renversé par un obus et échappant
miraculeusement à la mort, les habitants
forcés de se réfugier dans les caves, les
éléments se déchaînant sur la malheureuse cité et le tonnerre lui-même se mê-
lant au grondement du canon ! Faut-il
dire les périls incessants qui menacent à
tout instant les défenseurs et les braves
qui cherchent à éteindre les incendies sans
cesse renaissants, les chrétiens fidèles assistant à la messe du dimanche et restant
tous impassibles sous les détonations mul-
tipliées, et risquant dix fois la mort pour
regagner leur infortuné logis, les remparts enfin attaqués par les projectiles et
commençant à s'ébranler sous des coups
violents et multipliés, la mort du colonel
Fiévet, la ville entourée d'un nuage de
fumée comme d'un épais brouillard, de
nombreux soldats et officiers tués ou blessés, la préfecture, le théâtre et la place du
Broglie criblés comme une cible, la mort

planant sur toutes les têtes et au milieu de toutes ces épreuves, le courage des Strasbourgeois et de la garnison se maintenant sans défaillir ! Un seul exemple : l'officier du Petit-Thouars qui rentrait dans sa chambre, le 1er septembre, voit un obus éclater à ses pieds, briser la muraille, couvrir la pièce de débris et de poussière. Les veilleurs accourent pour éteindre le feu et du Petit-Thouars leur crie gaiement : « Allez, mes enfants, lui mettre un grain de sel sur la queue, moi je vais recommencer ma toilette ! »

Au milieu des sifflements d'obus et des éclats de la mitraille, on entend tout à coup des sons étranges pareils à des gémissements mélancoliques qui s'échappent de la cathédrale. Sont-ce des blessés qui sanglotent et qui pleurent? Non, c'est l'orgue brisé et qui frappé par l'air extérieur, de temps à autre exhale, ô prodige ! comme des plaintes douloureuses... Un obus éclate dans la salle du conseil municipal à l'Hôtel-de-Ville. M. Humann déclare qu'il faut continuer à délibérer. Les autres conseillers réclament un local plus sûr et M. Humann s'écrie : « *Caveant consules !* et traduit ainsi gaiement ce latin : « *Que les conseillers aillent à la cave !* »

Voici un fait admirable qui va devenir un événement. C'est le 11 septembre, dimanche inoubliable, que là trois délégués venus de Berne, Zurich et Bâle, le docteur

Rohmer, le colonel von Buren, le docteur Bischoff, viennent chercher les enfants, les femmes et les vieillards que leur obstination courageuse a enfin obtenu de l'ennemi.

Le bombardement est suspendu ce jour-là et la population, tête nue, se porte à la rencontre des délégués et les reçoit avec enthousiasme à la Porte Nationale. J'ai raconté l'an dernier comment les Suisses acquittèrent les promesses de leurs ancêtres, lors du grand siège de Strasbourg au XVI⁰ siècle, et j'ai rappelé avec quel art notre illustre sculpteur Bartholdi avait figuré cette scène historique sur les bas-reliefs du monument de Bâle : « *L'Alsace reconnaissante à la Suisse* ». Je n'ai pas à y revenir. Mais voici par quel beau discours le maire, M. Humann accueillit les délégués de la Suisse :

« Messieurs,

« L'humanité, la charité chrétienne
« vous amènent au milieu d'une ville ra-
« vagée au nom du prétendu droit de la
« guerre. Soyez les bienvenus et recevez
« l'expression de notre reconnaissance.
« Bien des services héroïques nous ratta-
« chent à vous ; vous venez les resserrer
« encore et nous trouvons toujours des
« amis dans les nobles citoyens de la Ré-
« publique helvétique qui jadis étaient les
« alliés de Strasbourg et qui sous nos rois
« n'ont jamais cessé d'être avec la France
« dans les termes d'une éternelle alliance.

« Oui, soyez les bienvenus dans ces

« jours si douloureux pour notre cité,
« vous qui venez pour sauver des fem-
« mes, des enfants. des vieillards, que
« n'avaient pu soustraire aux horreurs de
« la guerre ni le général gouverneur de
« la place ni l'évêque vénéré du diocèse.

« Rapportez à l'Europe le spectacle dont
« vous allez être témoins dans nos murs.
« Dites ce qu'est la guerre du XIXe siè-
« cle ! Ce n'est plus contre des remparts,
« contre des soldats que le feu est dirigé ;
« c'est contre les populations qu'elle se
« fait, ce sont des femmes et des enfants
« qui en sont les principales victimes.

« Nos remparts, sont intacts ; mais
« nos demeures sont incendiées. Nos
« églises, nos monuments séculaires et
« historiques sont indignement mutilés
« et détruits et notre admirable biblio-
« thèque à jamais anéantie.

« La conscience de l'Europe admettra-
« t-elle que la civilisation recule à ce point
« jusqu'au vandalisme et que nous retom-
« bions sous l'empire de la barbarie ?
« Vous pourrez dire tout cela à l'Europe,
« mais dites également que ces cruautés,
« ces dévastations, ces actes renouvelés
« des premiers Musulmans et des barba-
« res sont inutiles ; qu'ils n'ont point
« dompté nos courages et que nous res-
« tons ce que nous avons toujours été, ce
« que nous voulons rester toujours, des
« courageux et fermes Français et com-
« me vous, Messieurs, des citoyens dé-
« voués et fidèles à la patrie. »

25,000 femmes, enfants et vieillards.

grâce à l'intervention des Suisses, sont
alors arrachés à la mort. L'Europe
sut tout cela et se tut comme lorsqu'elle apprit l'épouvantable et systématique égorgement des petits enfants
des Boërs, comme elle se taira hélas ! toujours devant la suprématie de la force
brutale !...

L'Institut de France protesta à l'unanimité de ses membres, le 18 septembre,
contre ce bombardement qu'il qualifiit
« d'attentat à la civilisation » et il le livra
à « la réprobation vengeresse de la postérité. »

La petite Rita Gauckler nous conte ainsi
son départ de Strasbourg :

« Les Prussiens ne permettant pas
qu'on emporte des malles, mes tantes
font de tout petits paquets ; moi, je passe
une corde sous ma robe et j'y enfile des
chemises, des bas et des pantalons de ré-
change J'emporte mon dé d'argent que
je vendrai, si les fonds venaient à manquer, à tante Marie quand nous serons
loin .. Nous avons beaucoup pleuré quand
grand'papa et grand'maman nous ont
quittés à la porte. Pourvu que nous les
revoyions ! Le défilé s'est mis en marche.
Tout le monde sanglotait... Tout le temps
du voyage, nous tournions la tête pour
voir la cathédrale que les Prussiens arri-
veraient peut-être à faire tomber. »

Le 12 septembre, on apprit à Strasbourg
par une dépêche apportée de Schlestadt

la chute de l'Empire au 4 septembre.
dès qu'il en eut connaissance, le baron
Pron écrivit aux membres du nouveau
gouvernement de la Défense Nationale
qu'il résignait son mandat de préfet et se
bornerait à assurer la tranquillité publique et à garantir devant l'ennemi la dignité du drapeau français, puis il adressa
une digne proclamation aux habitants de
Strasbourg où il leur apprenait que le
Corps Législatif avait déclaré que Strasbourg avec ses soldats, ses citoyens et ses
autorités avaient bien mérité de la patrie.
« Dans ces heures de souffrance patrioti-
« que, ajoutait-il, laissez-moi vous donner
« le conseil de rester calmes, de respecter
« les autorités et de soutenir noblement le
« drapeau de la France. » Le maire de la
ville, M Humann, suivait le préfet dans
sa retraite, mais tous deux restaient,
comme ils l'avaient toujours fait, au premier rang de ses défenseurs, partageant
les périls et les douleurs de leurs compatriotes.

Le général Uhrich leur témoigna ses
regrets de les voir quitter l'administration de la ville, et particulièrement au
baron Pron qui avait été son compagnon
quotidien dans toutes les péripéties du
siège. Il se félicitait d'avoir trouvé en lui
« le cœur d'un soldat en même temps que
« la tête d'un administrateur ferme et ca-
« pable. La manière noble et digne avec

« laquelle vous vous retirez de la scène,
« ajoutait-il, augmentera encore l'estime
« que vous avez inspirée dans le départe-
« ment. Vous avez fait l'abandon de droits
« indéniables pour ne pas fournir un pré-
« texte aux hommes disposés à fomenter
« de l'agitation ; pour ma part, je vous
« en remercie. » Le baron Pron fut très
touché de cette lettre si digne et si cordiale et renonçant aux honneurs de premier magistrat de la cité, prit un fusil
pour prendre part, avec la garde nationale active, à la défense de Strasbourg.

Le très estimé docteur Küss allait remplacer M. Humann, ancien maire, et continuer vaillamment une tâche difficile.
M. Valentin, aidé par une femme de grand
cœur, Mme Gustave Ehrart, qui méri-
terait bien la croix des braves, et conduit
par elle de Bischwiller à Schiltigheim au
centre des troupes ennemies, traversait les
Allemands, au péril de sa vie, et venait,
le 20 septembre, succéder comme préfet
au baron Pron. Tous deux, Valentin et
Küss comme leur prédécesseur, étaient
animés d'un esprit de fermeté, de résistance et de courage absolus. Valentin
avait particulièrement fait acte d'audace
et de bravoure. Nul ne l'a oublié.

De son côté, le général Uhrich, persistant dans sa mâle et opiniâtre attitude, in-
formait ainsi les Strasbourgeois qu'un
gouvernement de Défense Nationale s'était

constitué : « En tête de son programme,
« disait-il, il a mis l'expulsion de l'étran-
« ger du sol français. Nous nous rallie-
« rons tous à lui, chargés de la défense de
« Strasbourg, chargés de conserver à la
« France cette noble et importante cité...
« Habitants de Strasbourg, par vos souf-
« frances, par votre résignation, par votre
« patriotisme vous avez secondé l'armée
« dans les efforts qu'elle a eu à accomplir.
« Vous resterez digne de vous-mêmes ! Et
« vous, soldats, votre passé répond de
« l'avenir. Je compte sur vous. Comptez
« sur moi ! » On voyait partout le gé-
ral, aux remparts, à la citadelle, dans les
rues, dans les hôpitaux, dans les ambulances. Ce soldat de soixante huit ans
était infatigable et sa présence active et
courageuse donnait à tous du cœur. Deux
fois, des paniques et des tentatives d'insurrection furent réprimées par sa seule
attitude. On le savait décidé à braver la
mort et la mort l'épargna

Le bombardement continuait et les effets en étaient terribles, car il n'épargnait
rien. Le même écrivain allemand que
j'ai déjà cité, Bleibtreu, s'en indignait ainsi : « Dira-t-on que le chef de l'armée al-
« lemande n'est pas coupable à tout le
« moins d'avoir dévasté des monuments
« de la civilisation ? On a tiré à dessein
« sur la plate-forme de la cathédrale pour
« écarter l'observatoire qui s'y trouvait.

« Cet antique et vénérable monument a
« donc été atteint par principe... On est
« saisi d'un dégoût inexprimable en
« voyant la frivole sérénité d'âme avec
« laquelle l'opinion publique en Allema-
« gne s'est accommodée à ces attentats
« contre la civilisation et l'humanité. Les
« mêmes braillards, qui ne savaient as-
« sez attiser le besoin de vengeance sur
« les atrocités commises par les troupes
« de Louis XIV — (et ici on oublie de
« dire que le commandant des troupes
« françaises chargé de brûler la ville
« de Heidelberg, se borna à incendier le
« château) — ces mêmes hommes con-
« templaient avec satisfaction ces atroci-
« tés dont ils étaient témoins.

« *De vraies hordes d'excursionnistes*
« *étaient amenées par des trains de*
« *plaisir ou avec des voitures requises*
« *à Kehl, pour jouir de ce délicieux feu*
« *d'artifice ; les amateurs de pareils*
« *amusements et les dilettanti des*
« *champs de bataille applaudissaient à*
« *ce spectacle...* »

Le docteur Goldschmidt, qui habitait la
banlieue de Strasbourg et donna des soins
si dévoués aux blessés, certifie le fait en
ces termes : « Les Badois, nos voisins, ve-
« naient par bandes, même par trains spé-
« ciaux, admirer sur les bords du Rhin,
« les splendides illuminations de Stras-
« bourg, « la Ville sœur », comme ils l'ap-

« pelaient. Dans les villages, aux alen-
« tours de la forteresse, les habitants se
« portaient aussi, la nuit venue, aux en-
« droits d'où ils pouvaient voir les incen-
« dies, stationnaient des heures entières,
« recueillis, profondément impression-
« nés, épouvantés par l'affreuse vision qui
« se déroulait à leurs yeux, cherchant à
« deviner si la direction des lueurs ne leur
« indiquait pas la demeure d'un ami, d'un
« parent et jetaient des cris d'horreur
« lorsqu'ils distinguaient dans les flam-
« mes, des édifices tels que la Cathédrale,
« la Bibliothèque, qu'ils considéraient
« avec piété comme un patrimoine com-
« mun, intangible à cause d'une réputation
« universelle

« Moi aussi, dit le docteur Goldschmidt
« j'ai suivi ces scènes néfastes, elles sont
« bien gravées dans ma mémoire. Toutes
« les nuits, je me rendais, avec un ami,
« sous les combles d'une haute construc-
« tion. Nous y montions à tâtons, dans
« l'obscurité, la suspicion étant à l'ordre
« du jour et une lumière circulant dans
« ce grenier aurait pu passer pour un si-
« gnal donné aux assiégés. Une fois sur
« place, nous suivions des yeux en silence
« à travers une lucarne, la série toujours
« nouvelle des incendies. Bien que la vue
« fût pour nous des plus angoissantes,
« elle fixait, invinciblement nos regards.
« Nous étions comme fascinés, comme at-

« tirés par le besoin de partager au moins
« moralement, les souffrances de nos
« chers compatriotes mis à une si longue
« et si cruelle épreuve. »

Et dire que cela dura *quarante jours
et quarante nuits !*

Croirait-on qu'un savant allemand,
Gregorovius, vit dans cette destruction
systématique d'une ville, le symbole de la
refonte de l'Empire et composa une pièce
de vers où il disait :

A l'assaut, frères, même si vous périssez,
Même si vous hésitez devant la grandeur du sacri-
[fice ;
Autour du dôme dans cette nuit de tourment,
Les esprits célestes montent la garde !

Forgez. forgez, brandissez le fer !
Faites jaillir et tournoyez les étincelles,
Afin que vous accomplissiez l'œuvre avec maîtrise
Et que la fonte de l'Empire soit parfaite !

Oui, s'épanouissant des cendres de Strasbourg,
Dans le sang héroïque à nouveau flamboyant,
Vers de radieux et glorieux sommets
Il ressuscitera comme le phénix !

Cette joie d'un nouveau Néron ne nous
rappelle-t-il pas les vers vengeurs d'André Chénier :

Ils avaient dit : C'est bien, quand la lyre à la main
L'incestueux chanteur, ivre de sang romain,
    Applaudissait à l'incendie !

Et voilà les doux et sensibles poètes
que chez nous certains amis des lettres
voudraient encore nous faire admirer, en

célébrant l'humanité, la générosité, la délicatesse allemandes !

Ce n'est que lorsque se manifesta la prodigieuse énergie des habitants luttant contre le feu et refusant de se rendre que Werder se décida enfin à procéder au siège régulier de la place. Mais tout en battant en brèche les fortifications, les obus dépassaient souvent le but, et, sans épargner les soldats, frappaient encore de nombreux habitants. Détail affreux, les projectiles éclataient sur le cimetière, et les enterrements amenaient parfois la mort des vivants. « On assistait, « dit un témoin, à d'étranges spectacles. « Aux approches du cimetière du Jardin « Botanique, quand les obus tombaient « sur les toits ou sur les pavés, les rangs « des assistants à la triste cérémonie se « débandaient ; les porteurs déposaient « leur charge sacrée sur le sol et se réfu- « giaient avec les amis de la dernière « heure, dans les corridors voisins. Der- « rière une encoignure, ils se collaient « contre les façades des maisons comme « s'ils voulaient faire place à un ouragan « qui passe. Puis on reprenait la marche « vers la grande fosse commune où les « sanglots se mêlaient au bruit du canon « et au fracas des bombes .. Que de fois « aussi voyait-on des hommes et des fem- « mes, une longue boîte jaune sous le bras, « allant, *seuls*, enterrer leurs enfants !... »

Est-il un spectacle plus effroyable et l'*Enfer* de Dante contient-il des scènes plus tragiques ?

Le lieutenant Bonnefoy donne des détails émouvants sur la résistance de la garnison exposée nuit et jour à une pluie d'obus et énervée par les sifflements perpétuels des projectiles lancés par des ennemis invisibles, auquel on ne pouvait rendre coup pour coup. « Comment, di« sait-il, tirer avec des pièces à âme lisse, « avec des boulets sphériques et rouillés « qui tombent à 2 000 mètres et n'explo« sent pas ? Ainsi, c'est donc vrai, s'écrie« t-il avec une rage facile à comprendre, « les idiots qui ont préparé cette guerre « n'ont pas supposé que Strasbourg pou« vait être assiégé; ils l'ont laissé dépour« vu de munitions, comme si c'était un « village de la Basse Bretagne ! Avec de « pareilles munitions, il n'est pas éton« nant que nous soyions battus... Le géné« ral Uhrich fera ce qu'il pourra, mais il « est arrivé ici peu de temps avant l'in« vestissement *et on ne lui a pas fait la « partie belle !...* Après les obus et les « bombes dont Strasbourg est inondé, les « Prussiens lancent sur nous toute sorte de « projectiles tels que pierres, écrous, frag« ments de rails ; ils brisent même les « croix du cimetière de Sainte-Hélène « pour en faire de la mitraille... » Il faut lire dans ces notes du lieutenant Bonne-

foy de palpitants détails sur l'attitude des
soldats et des gardes nationaux, des marins et des douaniers qui montraient une
énergie surhumaine en face d'une mort
toujours prête à survenir. Jamais on ne
vit une aussi stoïque résignation au milieu de tant de souffrances et de calami-
tés ! Le jeune officier qui décrit tous ces
périls est très sincère, quand il dit qu'il
est disposé à abandonner la vie sans regrets.

Il en est réduit à envier l'indifférence
d'un cheval qui, là devant lui, broute pai-
siblement un rare gazon et s'inquiète peu
des projectiles qui volent autour de lui.
Bonnefoy est poète et pendant une
éclaircie — c'est-à-dire pendant un arrêt
momentané du bombardement — il com-
pose une pièce de vers sur l'attitude placi-
de du pauvre animal, pièce qu'il publiera
en 1874 et qui finit ainsi :

Longtemps la sanglante tempête,
Fit siffler ses engins de mort,
Quand s'abattit la maigre bête.
Un boulet lui brisa la tête
Et plus d'un envia son sort.

Cela montre bien quel mépris les défenseurs de Strasbourg avaient de la mort et
combien, même accablés de telles épreuve, ils étaient arrivés à la souhaiter
comme une délivrance

Malgré les ruines de la ville et les épouvantables souffrances auxquelles elle était
exposée depuis de longues semaines, la

résistance du général Uhrich ne faiblit pas.

Et cependant, que de fois l'ennemi lui a offert perfidement ce qu'il appelait « une capitulation honorable » ! Ainsi, le 17 septembre, Werder l'avertit que l'attaque va être plus pressante et le bombardement plus intensif ; qu'une République anarchique domine à Lyon et que l'Armée du roi de Prusse campe devant Paris. Uhrich consulte la Commission municipale qui, tout en rendant hommage au dévouement patriotique du général, croit qu'on pourrait entrer en négociations avec Werder commandant de l'armée de siège. Uhrich va en délibérer avec le Conseil de défense et décide, d'accord avec lui, que l'on continuera la résistance avec ce courage qui accepte sans fléchir les dangers et les privations.

Le 23 septembre, Uhrich reçoit une longue lettre du grand duc de Bade, qui. « en bon voisin d'une ville dont les « souffrances lui cause tant de peines », l'invite à mettre fin aux maux d'une population infortunée. Il rend justice à l'énergie et au courage du Gouverneur, mais il lui fait observer que la continuation de la défense de la ville aggravera les malheurs de ses concitoyens et lui enlèvera l'espoir de bonnes conditions pour la capitulation après un assaut. « Vous n'avez plus de gouvernement légal, dit-il, vous n'avez plus qu'une seule

« responsabilité, celle devant Dieu. Votre
« honneur et votre conscience sont li-
« bres. »

Uhrich répond simplement qu'il lui serait bien doux de faire cesser les souffrances de la population résignée et fière
de Strasbourg. « Mais à côté de ces sen-
« timents qu'il me faut comprimer, se
« dresse le devoir du soldat et du citoyen.
« Je sais que ma malheureuse patrie est
« dans une situation critique que je ne
« veux pas chercher à nier ; mais, per-
« mettez-moi de le dire à V. A. Royale,
« plus la France est malheureuse, plus
« elle a droit aux preuves d'amour et de
« dévouement de ses enfants... J'aurai
« bientôt 69 ans. J'étais au cadre de ré-
« serve depuis plus de trois ans, lorsque
« je fus appelé à commander la 6ᵉ divi-
« sion militaire. A mon âge, l'ambition
« n'a plus de racines dans le cœur hu-
« main, et l'on est trop rapproché de la
« fin de son existence pour obéir à un au-
« tre sentiment que celui de l'honneur ! »

Quel noble langage et comme il est véritablement français!

Alors l'artillerie ennemie redouble son
feu et se concentre sur les bastions *11 et
12*, qui s'effritent et s'écroulent. Les ouvrages *52, 53, 54 et 55* se rompent et sont
abandonnés. Le système de défense s'égrè-
ne comme les perles d'un collier dont le fil
est rompu. Nos pièces sont démontées ou

réduites, hélas ! à des silences fréquents et prolongés. L'assaut est proche. Des radeaux sont préparés par l'ennemi avec des fascines chargées de pierres, pour franchir les fossés inondés. Les remparts, labourés par les obus et les bombes, deviennent intenables.

Le 27 septembre, le colonel Sabatier, directeur des fortifications, et le lieutenant-colonel Maritz, chef du génie, vont prévenir le général Uhrich que la brèche du bastion *11* est praticable et qu'on va être à la merci de l'ennemi.

Le Conseil de défense est convoqué et, après un sérieux examen de la situation, reconnaît à l'unanimité que la résistance est arrivée à son terme et qu'il faut éviter l'assaut pour empêcher l'horreur du sac de la ville et les dernières abominations. Le tiers des maisons de Strasbourg était démoli. 1.400 habitants avaient été tués ou blessés grièvement, 10.000 étaient sans abri et sans ressources ; la garnison avait perdu le tiers de son effectif, le général Moreno et d'autres officiers étaient blessés ; 200.000 projectiles avaient abattu ou incendié les monuments et les plus belles comme les plus simples demeures ; des malades innombrables encombraient les hôpitaux dévastés par les bombes, et le reste de la population vivait dans les caves, ayant supporté sans se plaindre un épouvantable bombardement, dont aucune ville n'a jamais autant souffert.

Le général Uhrich fait alors arborer le drapeau parlementaire sur la cathédrale et connaître au général de Werder la décision du Conseil de défense. Il demande pour la ville un traitement aussi doux que possible, la conservation de ses propriétés et la vie sauve pour ses habitants.

« Pour la garnison, ajoute-t-il, rien, « *rien que le traitement dû à des sol-* « *dats qui ont fait leur devoir !* »

. Et Werder répond que, rendant justice à sa valeureuse et honorable défense, non seulement il remplira les désirs exprimés par lui de la façon la plus étendue, mais il prendra encore toutes les mesures pour alléger le sort de ses valeureux officiers et pour guérir les plaies de la ville. La convention de capitulation est signée le 28 septembre, à 2 heures du matin, à Kœnigshoffen. Les troupes de ligne et les mobiles seront prisonniers de guerre ; les officiers qui signeront le revers pourront se rendre à la résidence choisie par eux ; ceux qui refuseront seront prisonniers de guerre, comme les soldats. Une proclamation du général Uhrich faisait connaître aux habitants la situation réelle de la ville et la triste nécessité de la reddition, sur l'avis unanime du Conseil de défense. « Votre mâle attitude, disait Uhrich, pen-

« dant ces longs jours de douloureuses
« épreuves, m'a permis de retarder jus-
« qu'à la dernière minute la chute de no-
« tre cité. L'honneur civil, l'honneur mi-
« litaire sont saufs, grâce à vous. Merci ! »
Le général remerciait chaleureusement le
préfet, les magistrats municipaux, les
officiers, les soldats, les marins, les mobiles, les douaniers, les gardes nationaux,
les intendants, les médecins, le personnel
des ambulances, du clergé et des maisons
religieuses et hôpitaux qui avaient fait preuve de tant de courage et de dévouement.

« Je conserverai, disait-il, jusqu'à mon
« dernier jour le souvenir des deux mois
« qui viennent de s'écouler, et le sentiment
« de gratitude et d'admiration que vous
« m'avez inspiré ne s'éteindra qu'avec ma
« vie.

« De votre côté, souvenez-vous sans
« amertume de votre vieux général qui
« aurait été si heureux de vous épargner
« les malheurs, les souffrances et les dan-
« gers qui vous ont frappés, mais qui a
« dû fermer son cœur à ce sentiment pour
« ne voir devant lui que le devoir et la
« patrie en deuil de ses enfants.

« Fermons les yeux, si nous le pouvons,
« sur le triste et douloureux présent et
« tournons-les vers l'avenir ? Là nous
« trouverons le soutien des malheureux :
« l'espérance.

« Vive la France à jamais ! »

Le matin de l'entrée des Allemands, un détachement du 21e de ligne alla conduire au cimetière le corps d'un capitaine tué la veille d'un éclat d'obus, et l'aigle du drapeau, l'aigle de Frœschwiller fut enterrée avec lui. Au retour de ces funérailles, la landwehr prussienne passa, fifres et tambours en tête, devant le lieutenant Bonnefoy qui avait conduit le convoi du capitaine. « Jamais, dit-il, musique n'a « produit sur mon âme un effet plus poi- « gnant, plus douloureux. Les bras croi- « sés, impuissant et frémissant de rage, « j'ai vu les farouches Germains traver- « ser en triomphateurs les décombres fu- « mants de Strasbourg ». Il brisa alors son sabre et le jeta par-dessus le rem- part, pendant que de nombreux soldats rompaient leurs armes et poussaient des cris de désespoir. Le général de Werder apercevant le général Uhrich, descendit de cheval et le complimenta, lui et ses of- ficiers, de leur bravoure. Il ne permit pas que le général et son état-major défilas- sent devant ses troupes et resta à pied à côté d'eux, avec le grand duc de Bade.

Les habitants de la ville formaient la haie pour dire un dernier adieu aux sol- dats français. Beaucoup d'entre eux ver- saient des larmes, et leur noble attitude était digne du courage et de la constance dont ils avaient fait preuve pendant ce terrible siège. De nombreux jeunes gens de Strasbourg allèrent s'engager dans les armées de la Loire et une partie de nos compatriotes émigra en Suisse. Uhrich, prisonnier sur parole, alla à Tours le 2 octobre où il fut acclamé par la population et nommé grand croix de la Légion d'honneur par la Délégation qui le remercia de sa noble défense et lui offrit le château de Pau pour aller s'y reposer de ses fatigues. Le général refusa et préféra la modeste résidence de Montreux dans le Valais. Diverses villes de province organisèrent une souscription pour lui offrir une épée d'honneur. Le gouvernement de Paris donna son nom à l'avenue de l'Impératrice et décida que la statue de Strasbourg serait coulée en bronze et maintenue sur la place de la Concorde avec une inscription rappelant les hauts faits de la résistance de l'Est. Si ce décret n'a pas été mis à exécution, la reconnaissance publique n'en demeura pas moins fidèle à la noble effigie de pierre devant laquelle chaque année. *depuis 42 ans*, les élèves de nos Ecoles militaires, comme nos vétérans, viennent apporter le témoignage inlassable de leur admiration et de leur fidélité. Aux élections de février 1871, 53,454 Parisiens accordèrent à Uhrich leurs suffrages sans qu'il eût dit un mot ou fait un geste pour cela.

Quels reproches le Conseil d'Enquête a-t-

il donc pu lui faire ? Il le blâma de n'avoir
pas réprimé assez rigoureusement l'indis-
cipline de quelques fuyards, d'avoir laissé
brûler 30,000 fusées percutantes et négligé
de construire des abris blindés ; de n'a-
voir point fait de contre-mines, de n'a-
voir pas assez activement poussé le palis-
sadement des chemins couverts, de n'avoir
pas abattu assez de maisons dans le voisinage de la place et de n'avoir pas soutenu
un ou plusieurs assauts au corps de place;
de n'avoir point détruit toutes les armes
et encloué toutes les pièces, de n'avoir
point tenu les registres du siège en bon
état, de n'avoir pas demandé les honneurs
de la guerre pour la garnison, d'avoir admis l'exception du port de l'epée pour les
officiers qui avaient signé le revers et enfin de n'avoir point partagé le sort de ses
troupes faites prisonnières

Le Conseil fut donc très sévère pour
Uhrich comme pour la garde nationale, et il n'eut pas un mot de sympathie pour Strasbourg en deuil de ses
enfants. Uhrich repoussa tous ces griefs
par une protestation ardente et éloquente. Il répondit aux premiers griefs, comme
je l'ai fait en commençant cette conférence, et il dit que s'il avait profité du revers,
c'était pour rendre au plus tôt à la Délégation de Tours, compte de la perte de
Strasbourg et solliciter pour ses braves
soldats des récompenses bien méritées. J'ai

à ce propos reçu du docteur Buch, directeur du Musée alsacien à Strasbourg, une
lettre inédite du général Uhrich au général Moreno, que je vais vous lire :

« Montreux, le 3 janvier 1871.

« Mon cher général.

« Je vous remercie de l'offre obligeante
« que vous me faites de venir au besoin
« témoigner que tout à Strasbourg s'est
« passé honorablement. Je me souvien-
« drai, s'il y a lieu, de votre bon vouloir
« à mon endroit et je lui ferai appel lors-
« que le moment en sera venu, mais je ne
« veux pas, à dire vrai, en être réduit à
« invoquer d'autre témoignage que le
« mien.

« Le règlement sur le service des pla-
« ces doit être exécuté dans ses prescrip-
« tions formelles, et de même qu'un com-
« mandant de navire perdu rend compte
» devant un Conseil de guerre des causes
« qui ont amené la perte de son navire, de
« même le commandant d'une forteresse.
« qui a capitulé avant l'assaut, est tenu à
« justifier son acte devant un Conseil
« d'enquête. *Je suis parfaitement calme*
« en présence de l'éventualité prévue par
« moi depuis longtemps.

« J'apprends, avec regret que vous
« n'êtes pas encore tout à fait remis de
« vos blessures. J'espère cependant que
« le mieux qui s'est déjà produit conti-
« nuera jusqu'à guérison complète. Mes

« démarches pour vous faire obtenir la
« croix de grand officier ont-elles donc
« complètement échoué, ou bien n'est-ce
« qu'un ajournement qu'il vous faut su-
« bir ? Je penche vers cette dernière sup-
« position

« Recevez, je vous prie mon cher géné-
« ral, avec mes sincères remerciements,
« l'assurance de mes sentiments d'attache-
« ment bien dévoués.

« Général Uhrich. »

Au lendemain de la décision du Conseil
d'enquête, le général Uhrich a prouvé,
pièces en mains, qu'il avait réussi à re-
constituer une garnison solide avec des
débris et des recrues inexpérimentées,
rétabli la discipline chez ceux qui s'é-
taient réfugiés à Strasbourg créé des ouvriers auxiliaires à défaut de soldats du
génie, pris, dans la mesure du possible,
tous les moyens de défense lacéré et partagé les drapeaux pour les enlever à l'ennemi. obtenu les honneurs de la guerre
pour la garnison qui est sortie de la ville
avec armes et bagages, et laissé les officiers maîtres de signer le revers, comme
cela s'était passé à Sedan. Là où d'autres
moins hardis, moins opiniâtres auraient
résisté difficilement pendant un mois,
avec si peu d'hommes et si peu de ressources, le général Uhrich a lutté du 10
août au 28 septembre, donnant de sa personne à toute heure, c'est-à-dire *quarante-*

huit jours, dont trente-huit d'un bombardement intensif et continuel. Cinq ou six fois, l'ennemi lui a proposé de capituler, et chaque fois Uhrich a refusé, en des termes nets, carrés et dignes d'un Alsacien, d'un Français. Il n'a cédé que lorsque la citadelle a été saccagée, la ville brûlée et démolie en partie, l'artillerie française réduite au silence, les casernes incendiées, la garnison sans abri, les ouvrages extérieurs labourés et écrasés par les projectiles ennemis les bastions *11* et *12* battus en brèche, les ouvrages *52* à *54* rendus intenables ou déjà occupés par l'ennemi, l'assaut imminent et la cité menacée des pires horreurs, puisque la petite garnison aurait été écrasée avant que les assaillants parussent même du haut des brêches... Ce n'est donc qu'à la dernière minute, quoiqu'en disent ses acharnés détracteurs, que le général Uhrich a dû, avec une douleur indicible, livrer la ville qu'il avait si énergiquement défendue.

Strasbourg, plus juste que d'autres, lui avait décerné le titre de citoyen et Paris avait changé l'avenue du Bois de Boulologns en *avenue Uhrich.* Cette dénomination a disparu. Je demande, en votre nom à tous, qu'on la lui rende.. *(Ici l'assistance se lève et acclame l'orateur)* et vos acclamations unanimes me prouvent que mon vœu est votre vœu à tous.

Nous avons à Paris les rues du *général Appert*, du *général Brunet*, du *général Blaise*, du *général Délrie*, du *général Lassalle*, du *général Tripier*, du *général Morin* ; il nous faut l'avenue du général Uhrich. Ce sera, en attendant le buste ou la statue qu'il mérite sur une place voisine de la statue de la place de Strasbourg, un légitime honneur rendu à sa mémoire et à celle de Strasbourg qui en est inséparable.

J'ai voulu savoir comment et pourquoi son nom avait disparu de *l'avenue de l'Impératrice*

C'est le 10 juin 1875 qu'un arrêté muninicipal a changé cette dénomination en celle d'*avenue du Bois de Boulogne*. Pourquoi cela ? Parce que, disait le rapporteur M. Beudant, il fallait « effacer le « nom des personnages encore vivants ». C'est la seule raison qui fut donnée alors. S'il y en a d'autres, qu'on le dise, et nous verrons ce qu'il faudra répondre. En attendant, le nom d'Uhrich doit revivre sur une des voies de la capitale, et ce sera justice. Si on veut garder le nom d avenue du Bois de Boulogne, qu'on cherche ailleurs ! Nous avons à Paris des noms de rues qui pourraient disparaître, comme la *rue des Deux-Boules*, la *rue des Deux-Écus* la *rue des Deux-Frères*, la *rue des Trois-Frères*, la *rue du Pain Blanc*, la *rue du Pont aux-Choux*, la *rue de la Chine*, etc., pour faire place à quelque chose de mieux, aux noms de nos héros. Du moment qu'il y a à Paris une rue *Denfert-Rochereau* et une rue *Edmond-Valentin*, il doit y avoir une rue Uhrich et je compte sur mes confrères de la Presse parisienne et sur l'opinion publique, pour obtenir cette juste et patriotique satisfaction.

La conduite du général Uhrich est, en effet, un exemple qu'il faut retenir et ce que je viens de vous en dire prouve que son nom peut, à côté d'autres noms de valeureux soldats, briller sur une des rues de la capitale.

Voici quels ont été les derniers mots de ce brave, lorsqu'il réunit, dans un livre trop oublié, les pièces justificatives de la défense de Strasbourg

Ecoutez-les et méditez les. Ce sera la conclusion logique et naturelle de cette conférence :

« Ainsi tomba la malheureuse ville de
« Strasbourg, si fière d'être française, si
« glorieuse d'être notre sentinelle avan-
« cée sur le Rhin. Elle est la triste victi-
« me de l'imprévoyance et de l'abandon
« dans lequel elle a été laissée.

« Ses enfants, et je suis fier d'en faire
« partie aujourd'hui, ont sans cesse les
« yeux tournés vers la France. Ils espè-
« rent toujours et ne peuvent se faire à la
« pensée que la douloureuse séparation
« qu'ils ont dû subir, est définitive.

» Dieu veuille que le jour de la justice
« et du retour au sein de la France se lève
« pour eux ! Qu'ils aient donc la patience
« de l'attendre ! »

La Prusse, vous le savez, a attendu
soixante-quatre ans la revanche d'Iéna.
Quarante-deux ans se sont passés depuis
1870... Il nous reste encore vingt-deux
ans... Laissez moi espérer, Dieu aidant,
que la France n'attendra pas jusque-là.
*(Acclamations et applaudissements pro-
longés).*

Henri WELSCHINGER,

Membre de l'Institut.

II

CONFÉRENCE

DU 19 DÉCEMBRE 1912

PAR

PAUL ACKER

Soldat d'Alsace

—

KLÉBER

M. Paul ACKER

SOLDAT D'ALSACE : KLÉBER

Mesdames, Mesdemoiselles,
Messieurs, (1)

Chaque année, au mois de février, après
leur banquet traditionnel, un peu avant
minuit, les étudiants alsaciens-lorrains
de l'Université de Strasbourg quittent
la salle où ils s'étaient réunis et se ren-
dent place Kléber. Ils y arrivent quand
sonne minuit. Alors, dans un silence profond, tête nue, ils défilent, un par un,
devant la statue du général, dont le socle
porté ces simples mots si émouvants :

Jean-Baptiste Kléber, né à Strasbourg le 6 mars
1753.

Adjudant principal de l'armée de Mayence. Gé-

____

(1) Cf. Le général Kléber, par P. Holl ; Vie de
Kléber, par d'Aubigné ; Kléber, sa vie, sa correspondance, par le comte Gayol ; Généraux
d'Alsace et de Lorraine, par André Girodie.

néral de brigade à l'armée de Vendée. Général de division à l'armée de Sambre-et-Meuse. Général en chef en Egypte. Mort au Caire le 14 juin 1800.

Ces étudiants alsaciens-lorrains, c'est l'Alsace qu'ils représentent, l'Alsace qui vient rendre à l'illustre soldat l'hommage de son admiration, de sa reconnaissance et de sa fidélité. Pour nous autres, Alsaciens, Kléber, au-dessus de Rapp, de Lefèvre, de Kellermann, de Schramm, d'Eblé, déjà si grands pourtant, est la plus magnifique expression de l'âme militaire de l'Alsace.

Un jour de l'été dernier, au mois d'août, comme je flânais sur la place Kléber, un groupe de jeunes Français se rassembla devant la statue. Ce devaient être des lycéens, des collégiens ; un professeur les conduisait. Le plus âgé d'entre eux, qui pouvait bien avoir seize ans, un garçon élancé, nerveux, au joli visage clair, un de ces jeunes Français qui unissent une vigueur si intelligente à la distinction d'une vieille race, lut tout haut pour ses camarades les mots inscrits sur le socle et que je vous ai lus tout à l'heure. Sa voix frémissait. Quant il eut fini, il enleva son chapeau et adressa au général un large salut que les autres répétèrent. Ces jeunes Français, c'était la France qu'ils représentaient, la France qui venait rendre au général de l'armée de Sambre-et-Meuse l'hommage de son admira-

tion, de sa reconnaissance et de sa fidélité, comme font, chaque année, à la cérémonie du triomphe, les élèves de St-Cyr-
devant la statue qui s'élève dans la cour
de l'école. Pour nous autres Français,
Kléber, dressant au-dessus de Hoche,
de Marceau, de Jourdan, sa taille gigantesque et sa crinière de lion, nous
apparaît plus épique encore que tous les
héros de l'épopée républicaine, et son nom
si bref, si martial, sonne sur nos lèvres
la fierté, la force et la victoire.

Je vous ai cité ces deux faits, parce
qu'ils me semblent caractéristiques.

Pour les Français, ce colosse personni-
fie tout ce qu'a perdu la France en perdant
l'Alsace et les Alsaciens. Sa statue même,
si près du corps de garde prussien, est un
saisissant reproche. On ne saurait passer
près d'elle sans avoir le cœur serré.

Pour les Alsaciens, l'Alsace militaire se
confond en Kléber. Dans un pays, où de
1792 à 1815, chaque maison comptait à
l'armée un troupier et chaque village un
colonel ou un général, dans un pays où
Rapp, aide de camp de Napoléon, était le
fils d'un concierge ; où Schram, enfant,
a gardé les oies, où Eberlé est le fils d'u-
ne laveuse de Haguenau ; dans ce pays
où la vieille paysanne, qui était la mère
de Lefebvre, maréchal de France et duc de
Dantzig, signait ses lettres : Maria, Mut-
ter des Maréchals ; dans ce pays, Kléber

est dieu. A quel point il est le fruit de notre sol, c'est là surtout ce que je voudrais vous montrer. Je n'aurai point la prétention de vous expliquer ses campagnes, sa tactique, sa stratégie. Je voudrais seulement vous peindre en lui l'Alsacien et l'homme.

D'après les registres de la paroisse de Saint-Pierre-le Vieux, Jean-Baptiste Kléber naquit le 6 mars 1753 à Strasbourg, probablement dans la rue du Fossé-des-Tanneurs. Son père, originaire du Bas-Rhin, n'était pas, comme on le dit communément, tailleur de pierres, mais gardien de ville et, plus tard, employé au château du cardinal de Rohan ; sa mère, une grande et jolie femme, était de Rouffach, dans le Haut-Rhin. Kléber tient donc à la fois à la Haute et à la Basse-Alsace. Il aura toute la raison sérieuse du Bas-Rhin, et tout l'emportement du Haut-Rhin ; en lui se mêlent le sang tranquille et le sang vif des deux Alsaces. Il connut à peine son père, et très vite sa mère se remaria à l'architecte Burger, veuf et qui avait plusieurs enfants. Burger était brutal, et il ne se passait pas de jour que Jean-Baptiste ne se querellât avec son beau-père et les enfants de celui-ci : Mme Burger, pour empêcher ces disputes, mit son fils en pension à la campagne, chez un curé. Ce jeune pensionnaire donna au brave curé beaucoup

de tracas. Certes, il était très intelligent,
plein de dispositions pour les sciences,
attiré par l'histoire ancienne, très appli-
qué à l'étude du latin. Mais il n'avait
aucun goût pour les enseignements de la
religion, ne voulait pas apprendre le ca-
téchisme, faisait l'esprit fort et jouait au
curé de très mauvais tours, dont le
moindre était de mélanger le vin des bu-
rettes, si bien que le curé refusa de le
garder. Kléber atteignait sa seizième année. Il avait déjà cinq pieds et demi ;
qu'allait-il faire ? Tout de suite, il pensa
à l'état militaire. Si le Breton naît ma-
rin, l'Alsacien naît soldat. Kléber s'engage aux hussards de Conflans, alors en
garnison à Landau. Mais, au bout de
deux mois, racheté du service par sa
mère, il revient à Strasbourg, choisit le
métier d'architecte, et tout en étudiant la
théorie, travaille comme un simple ou-
vrier dans l'atelier de son beau-père. Le
Bas-Rhinois a dominé le Haut-Rhinois,
mais à chaque instant le Haut-Rhinois révèle qu'il n'est pas mort. Un petit monsieur très élégant, que Kléber connaissait, l'ayant raillé parce qu'il taillait la
pierre, reçut de lui un jour sur le dos
quelques coups de manche de marteau,
qui le dissuadèrent de continuer sa rail-
lerie. Kléber quitta Strasbourg en 1772
pour Paris, où il devait se perfectionner
chez le célèbre Chalgrin, architecte du

Luxembourg. Grand, beau, turbulent, il
avait un tempérament de feu : il travailla
un peu, mais fit surtout la fête, et, comme
il était facilement emporté, il lui arriva
souvent de passer la nuit au poste. Joyeux
luron, il aimait rire, il aimait boire, il
aimait... les femmes : c'était un de ces
mauvais sujets dont on ne sait à cet âge,
s'ils se contenteront d'être toute leur vie
de mauvais sujets, où s'ils deviendront
de grands hommes. Kléber fit tant de
dettes, que sa mère, épouvantée, le ra-
pela. En rentrant, il s'arrête à Besançon,
s'y fait des amis, se bat en duel avec l'un
d'eux pour une belle et le blesse ; on le
jette en prison, puis il est élargi et enfin
rentre à Strasbourg. Ses parents l'ac-
cueillent mal : il écoute leurs remontran-
ces, et décide de se fixer à Strasbourg
comme architecte. Kléber va s'établir ; il
sera un bon architecte, construira de
bonnes maisons, mènera une vie régulière. Le mauvais sujet se changera en
un bon bourgeois. Or, quelques jours
après, il a l'occasion, dans un café, de
défendre de jeunes Bavarois contre les
impertinences de plusieurs Alsaciens, qui
les tournaient en ridicule. Les Bavarois
se lient avec lui : ils avaient été élevés à
l'Ecole militaire de Munich, ils l'enga-
gent à embrasser la carrière des armes.
Kléber accepte. Décidément, il n'est pas
fait pour exercer, dans le calme d'un ca-

binet, une profession méthodique. Il lui
faut l'uniforme, la bataille, le danger.
Qu'est-ce qu'une équerre ou un compas à
côté d'un sabre ou d'une paire de pisto-
lets ? Il part pour Munich muni d'un
brevet. Le général autrichien, prince de
Kaunitz, le remarque et le prend comme
cadet dans le régiment dont il est pro-
priétaire. Voici donc Kléber au service
de l'Autriche. Mais il se distingue sans
profit dans une guerre contre les Turcs :
sorti du peuple, il restera toute sa vie officier subalterne, il n'y a d'avancement
que pour les nobles : dégoûté, il abandonne le service de l'Autriche et regagne
Strasbourg. Mieux vaut être à Strasbourg un honorable architecte qu'en Autriche un obscur lieutenant. La voix de
la sagesse étouffe en lui la voix conseil-
lère d'aventures. Adieu les beaux rêves de
gloire, les folles entreprises aux pays inconnus, la fièvre des combats : petit ro-
turier qui a taillé la pierre, reste petit ro-
turier, et continue, sinon de tailler la
pierre, du moins de la faire tailler à tes
ouvriers. L'intendant de la province d'Alsace le nomme inspecteur des bâtiments
publics du Haut-Rhin, avec Belfort pour
résidence. Et Kléber se manifeste un très
remarquable architecte. Il bâtit le château de Grandvillars, l'église de Chévre-
mont, une maison d'école à Chantenois,
un pont à La Chapelle-sous-Rougemont,

l'hôpital de Thann, la maison des chanoinesses de Massevaux. Il va de son cabinet au chantier, de son chantier à son cabinet, prépare ses devis, surveille les travaux. Pour se distraire, il lit les meilleurs auteurs et étudie le système de fortifications de Vauban. On imagine qu'il pensait parfois à son passage dans l'armée d'Autriche. Oui, sans doute, il avait l'âme militaire ... ne s'était-il pas engagé à 16 ans dans les hussards de Conflans ? Mais bah ! toutes ces années de jeunesse désordonnée, c'était le débordement d'un tempérament impétueux... Il avait besoin d'agir, de vivre... Le vin d'Alsace lui chauffait le sang... Mais quoi ! il ne fallait plus songer à tout cela... Il a 36 ans, il est dans l'âge de toute sa force et de toute son intelligence. Eh bien, le sort en est jeté, il sera un excellent architecte. Non ! Le garçon de seize ans qui s'engageait aux hussards de Conflans ne se trompait pas. La destinée voulait qu'il fût un soldat.

On pourrait, avec ces débuts de la vie de Kléber, écrire un petit roman qui, à la manière, du XVIII° siècle, aurait un sous-titre :

KLÉBER, ou les jeux de la carrière et du hasard,

Ou bien encore:

KLÉBER, ou la vocation retardée.

La Révolution éclate, cette Révolution qui va cimenter l'indestructible union de la France et de l'Alsace, déjà si habilement préparée par la monarchie. Tout de suite, Kléber en adopte, avec ardeur, les principes : il n'en voit que la générosité, le patriotisme, et ainsi que tous les Alsaciens, il la salue comme l'aube éblouissante de l'affranchissement des peuples. Honnête et bon, il ne soupçonne pas qu'elle pourra se déshonorer par les excès des révolutionnaires eux-mêmes. Il s'enrôle comme grenadier dans la garde nationale de Belfort. En octobre 90, une insurrection émeut la ville ; les officiers et les soldats se répandent dans les rues en criant : « Vive le roi ! Au diable la Nation ». Les patriotes s'assemblent ; on va en venir aux mains. Soudain, du milieu de la foule, un homme s'élance, le sabre à la main, repousse la soldatesque, rétablit l'ordre : c'est Kléber.

Kléber est jeune, instruit, patriote : Va-t-il se jeter dans la politique, fonder un club, dénoncer les tièdes ? Non, il veut agir, et non parler ; il déteste les démonstrations politiques et les fanfaronnades, et d'ailleurs déjà les exaltés l'accusent de modérantisme. Il a été soldat, il va l'être de nouveau, et, cette fois, pour toujours. Il se rend à Strasbourg. On le nomme **en janvier 92, adjudant-major au 4ᵉ bataillon des volontaires du Haut-Rhin.**

Ce bataillon était la proie de l'indiscipli-
ne. Kléber la rétablit et s'y fait à la fois
adorer et craindre. Instinctivement ennemi de la persécution, il s'employa aussi
à modérer la fureur dont les jacobins
poursuivaient les prêtres et leurs fidèles.
En mai, Kléber obtient le brevet de commandant en second, accompagne son bataillon dans le département de l'Ain, puis
rejoint avec lui l'armée de Custine à
Mayence. C'est ici que commence, à proprement parler, la carrière militaire de
Kléber.

C'est un magnifique Alsacien. Il a six
pieds de haut, et la solidité de son corps
est admirablement proportionnée à sa
taille. C'est un géant, mais un superbe
géant, avec une voix de tonnerre, de
grands yeux clairs et fiers, un front large
et puissant au-dessus duquel boucle une
chevelure désordonnée, un grand nez fort,
une bouche sensuelle et un peu mépri-
sante, un menton volontaire, un homme à
la fois plein de majesté et d'ardeur. Il est
déjà celui dont Bonaparte dira : « Rien de
plus majestueux que Kléber dans un jour
de parade, mais aussi rien de plus admirable au fort d'une bataille : c'est le soleil
de l'enthousiasme qui réchauffe et em-
brasse les cœurs. »

L'armée prussienne assiégeait dans
Mayence le général Munier et ses 15.000
hommes détachés de l'armée de Custine.

Tout de suite, Kléber se révéla par ses qualités alsaciennes de sang-froid, d'ordre et de courage utile. Non seulement grâce à ses anciennes études d'architecture militaire, il devint l'auxiliaire le plus précieux de Dubayet, chargé de la défense des fortifications extérieures, mais il commanda presque toutes les sorties, infatigable, ramenant au feu les soldats en déroute, manquant de faire prisonnier le roi de Prusse. Ce que fut le siège de Mayence ce qu'il représente dans l'histoire de la Révolution et dans l'histoire même de l'Europe, vous le savez ; la vérité est ici à la fois si belle et si terrible qu'elle semble se changer en légende. Quatre mois s'écoulèrent, quatre mois, disait Kléber, où j'ai vécu sous une voûte de feu, assistant à toutes les sorties, résistant à toutes les attaques, ignorant si la France existait encore. On mangeait les rats, et des gardes, au bord du Rhin, empêchaient les troupiers de se nourrir des chevaux morts que le fleuve charriait. Enfin, il fallut capituler : la garnison, réduite de moitié, put sortir avec armes et bagages, à la condition de ne point servir pendant un an contre les armées des coalisés.

La cavalerie prussienne, qui ouvrait le cortège, écrit Gœthe, fut immédiatement suivie par une colonne de Marseillais, petits, noirs, mal vêtus et marchant à petits pas ; on eût dit que le roi Edwin venait d'ouvrir une de ses montagnes pour livrer passage à une armée de nains agiles et éveillés. Les troupes régulières marchaient d'un air grave et contrarié, mais rien dans leur contenance n'annonçait la tristesse ou l'humiliation. Les chasseurs à cheval s'avancèrent d'abord en silence, puis leur musique exécuta tout à coup la *Marseillaise*.

Ce *Te Deum* révolutionnaire a toujours quelque chose de triste, même quand il est gaiement joué ; mais en ce moment où les musiciens réglaient leur mesure sur le pas des cavaliers, il avait quelque chose de saisissant et de terrible.

Les chasseurs étaient tous grands, maigres et déjà d'un certain âge ; pris isolément, ils tenaient du Don Quichotte, leur ensemble était imposant et respectable.

Bientôt, le groupe des commissaires captiva tous les regards. Merlin de Thionville, en costume de hussard, se faisait remarquer par sa barbe et son regard sauvages ; deux hommes, également en costume de hussard, se tenaient à sa gauche. Le peuple prononça avec fureur le mot de clubistes et s'apprêtait à attaquer les commissaires. Merlin arrêta son cheval et dit avec toute la dignité convenable à un représentant de la nation française, qu'il conseillait à cette populace de se modérer, parce que ce n'était pas pour la dernière fois qu'elle le voyait ici ; puis il s'adressa à un officier prussien pour lui rappeler que la parole de son roi garantissait, à tous ceux qui avaient fait partie de la garnison de Mayence, l'inviolabilité de leurs personnes L'officier ne répondit rien ; la foule cependant était devenue muette et immobile, et le groupe des commissaires passa sain et sauf.

Le Comité de Salut public, feignit, par politique, de témoigner d'une profonde indignation contre la reddition de Mayence et réclama l'arrestation de tous les officiers de la garnison. Il voulait faire retomber sur eux la responsabilité d'une capitulation signée par les représentants Merlin et Rewbell. Kléber, nommé adjudant-général durant le siège, fut appréhendé à Nancy et, pleurant des larmes de rage, conduit sous escorte à Paris, pour comparaître devant la barre de la Convention. Mais entre temps, Merlin de Thionville avait éclairé la Convention qui déclarait que l'armée de Mayence avait bien mérité de la patrie et l'envoyait par poste en Vendée, où Kléber devait la suivre, en qualité de général de brigade.

On voit déjà, ce qu'est au moral Kléber, et ce qu'il restera jusqu'à la mort. Il a, au plus haut degré, le sentiment de l'injustice, ce qui est bien alsacien. La colère qu'affectait le Comité de Salut public le remplit de colère : il n'admet pas ce procédé hypocrite de changer les responsabilités, et, lorsque Custine est accusé, il n'hésite pas à le défendre. Il est républicain, mais il a l'horreur des excès des politiciens ; il a même, plus simplement l'horreur des politiciens, à un tel point qu'il refusera parfois le commandement en chef pour moins dépendre d'eux. Soldat avant tout, il est un de ceux qui vengèrent sur le champ de bataille, dans le seul intérêt de la patrie, les hontes par

lesquelles le gouvernement se flétrissait
à l'intérieur. Farouchement indépendant,
ce qui est une de nos meilleures qualités,
il dit ce qu'il pense, a le dégoût de l'intri-
gue. Il n'est pas toujours commode, il a
des violences, des emportements, malgré
sa grande raison, ce qui est encore bien
alsacien. C'est une vraie tête carrée. Enfin, il est bon et humain. Le vieux dicton
qui court sur les Alsaciens, lui convient à
merveille : Bon cœur et mauvais caractère.

Kléber était parti pour la Vendée, sans
enthousiasme. Quand on est de ceux que
l'admiration populaire appelait les Mayençais et qu'on s'est battu contre l'Allemand,
il est dur, pour un cœur généreux, de
partir en guerre contre des Français,
même rebelles. De plus, Kléber croyait
qu'on aurait pu pacifier la Vendée par
des mesures de sagesse et non par les terribles rigueurs que Paris exigeait. Aussi,
tout de suite communiqua-t-il à ses soldats une humanité et une discipline qui
les distinguèrent des autres troupes ré-
publicaines, commandées par Canclaux,
un ci-devant, et Rossignol un sans-culot-
te qui avait l'habitude de boire dans les
plus grands verres qu'il pouvait trouver,
disant qu'il fallait de grandes mesures
pour sauver la République. Après la prise
de Montaigu, Kléber, avec quatre mille
soldats, marche sur Torfou. Les Ven-

déens, au nombre de trente mille, cou-
ronnent les hauteurs garnies d'artillerie,
leur fureur encore enflammée par la présence de leurs femmes. Les républicains
se précipitent à la baïonnette ; mais bientôt, débordés par les masses profondes,
ils sont obligés de se replier. Kléber n'a
plus d'espace pour combattre, son armée
va être cernée. Mais, en vrai alsacien, il
ne perd jamais la tête ; son parti est vite
pris ; il place deux canons au pont de
Boussy et appelant un de ses jeunes officiers, celui qu'il aimait le plus, le capitaine
Schwardin, il lui dit : « Tu vois la situation. Il y a là un ravin par lequel il faut
que passe l'ennemi. Prends une compagnie de grenadiers ; porte-toi là et arrête
les Vendéens : tu te feras tuer et tu sau-
veras tes camarades. — Oui, mon général », répond Schwardin. Tous périssent ;
mais l'armée française est sauvée. Le 15
octobre, Kléber repoussa l'ennemi à Saint-
Christophe et fit bivouaquer son armée
sous les murs de Cholet. A cette bataille
de Cholet, le 16 octobre, seize mille républicains, grâce à l'énergie et au sang-
froid de Kléber, renversèrent soixante
mille Vendéens et les rejetèrent sur la
rive droite de la Loire. Merlin et ses collègues écrivirent à Paris : « Vive la **République** ! La guerre de Vendée est fi-
nie ! » Elle changeait simplement de
théâtre ! L'armée vendéenne était redou-

table encore : l'ineptie du nouveau général en chef républicain, Léchelle, lui permettait de reprendre la lutte à outrance.
A Château-Gontier, l'armée républicaine
fut rompue et dispersée. En vain, Kléber
et Marceau se surpassèrent en valeur: les
Vendéens, enlevant tout, portèrent la terreur dans Granville, Angers et Nantes.
Après cette défaite, le général en chef Léchelle, qui avait donné l'exemple de la
fuite, quitta l'armée sous prétexte de ma-
ladie. C'était de lui qu'un soldat de
Mayence disait : « Qu'avons-nous fait
pour être commandés par un pareil j...-
f.... ? » De marche en marche, Kléber
poursuivit les Vendéens, les battit au
Mans et les poussa entre la Loire, la Vi-
laine et la mer, dans le lieu choisi d'avance par lui pour achever leur défaite. Les
commissaires de la Convention ordonnent
qu'on attaque de nuit. « Non, répondit
Kléber, les braves gens ont rarement
quelque chose à gagner en se battant
dans les ténèbres, il est bon de voir clair
dans une affaire sérieuse, et celle-ci doit
se décider au grand jour. » Cette affaire
se nomma la victoire de Savenay, qui, livrée le 23 décembre, porta la destruction
complète dans les rangs des Vendéens ;
de leur soixante mille combattants à
peine s'échappèrent cinq ou six cents cavaliers.

Comme des grenadiers criaient à Klé-

ber : « Général, nous n'avons plus de car-
touches. — Eh ! leur répondit-il, ne sommes nous pas convenus hier que nous les
écraserions à coup de crosse. » Kléber et
Marceau entrèrent à Nantes aux acclamations du peuple ; cette ville donna une
fête aux vainqueurs et offrit à Kléber une
couronne de lauriers. Mais un des commissaires de la Convention, Turreau, soit par
jalousie, soit qu'il pensât qu'on ne devait
pas flatter un géneral s'écria : « Les cou-
ronnes ne sont pas dues aux généraux,
mais aux soldats qui seuls gagnent les
batailles. » Kléber répondit alors de sa
voix de tonnerre et avec un sens avisé
qui est bien de chez nous : » Les généraux
républicains qui, comme moi, ont commencé par être grenadiers, n'ignorent pas
que ce sont les soldats qui gagnent les batailles ; mais ces soldats de la République, parmi lesquels il en est tant qui peuvent aspirer au commandement, savent
que des milliers de bras ne triomphent
que quand ils sont dirigés par une seule
téte ; nous avons tous vaincu. Je prends
cette couronne pour la suspendre aux drapeaux de l'armée. » Cette réplique fut
couverte par des cris d'enthousiasme.

Mais Kléber était tombé en disgrâce auprès du gouvernement. On oubliait que
c'est à lui qu'appartenait l'honneur des
journées de Cholet et de Savenay ; on
oubliait que si deux fois l'armée républi-

caine avait été mise en déroute, c'était
parce qu'on n'avait pas écouté Kléber. On
oubliait cette terrible campagne où il
avait parmi les haines soupçonneuses
des représentants, les lâchetés ou les stu-
pidités des créatures du Comité de Salut
public, si solidement fondé sa réputation
militaire. On lui reprochait sa clémence
et son humanité. Il savait admirer le courage des Vendéens et plaindre leurs malheurs. « Les rebelles, disait-il, combattent
comme des tigres, et mes soldats comme
des lions. » A Saint-Florent il avait ac
cordé la vie à quatre mille prisonniers
et foulé par ce fait même le décret de la
Convention aux pieds ; il avait sauvé
des flammes des villages et des hameaux.
C'était un grand coupable.

Et toujours le même franc-parler, la
même indépendance : c'était insuppor-
table. Un conseil de guerre discutait comment on marcherait sur l'armée vendéenne. Kléber propose une marche en
trois colonnes qui conserverait à l'armée
l'avantage de l'offensive. Le général en
chef, Lechelle, un ancien maître d'armes
et un poltron qui ne paraissait jamais au
feu, déclare qu'il faut marcher en masse
et majestueusement. « Cette manière, dit
avec ironie Kléber, a cela d'avantageux
que pour la concevoir et l'exécuter, il ne
faut pas se mettre l'esprit à la torture. »

A Chateau-Gontier, les bleus sont en

déroute. Kléber parvient à en arrêter une partie sur la route d'Angers. Les représentants voulaient le nommer d'emblée commandant en chef : « Toi seul, disaient-ils, peux relever le courage du soldat. — Je relèverai son courage sans commander en chef, répondit Kléber, et je le ferai obéir à quiconque vous mettrez à notre tête : à Léchelle même, s'il veut ne plus fuir. »

La veille de la bataille de Cholet, Marceau, adjudant-général, avait dû prendre le commandement de la division Luçon, et après avoir battu les Vendéens à Mortagne et blessé Lescure, un de leurs chefs, il avait pu joindre les Mayençais à l'armée de l'Ouest que commandait Kléber. Sa première pensée fut de courir à Kléber qu'il ne connaissait que de réputation. Kléber veillait, au milieu de ses Mayençais, au bivouac, inquiet, prévoyant une nouvelle bataille plus terrible que celle déjà livrées. Que lui voulait ce jeune homme ? Marceau affirmait son admiration, le désir impérieux qui le poussait, après sa première victoire, vers le demi-dieu républicain. Glacial, Kléber, le renvoya avec ces seuls mots : « Retournez à votre poste, nous aurons plus tard le temps de faire connaissance. » Dès le lendemain l'occasion s'en présenta, et de la journée de Cholet data l'héroïque amitié de ces deux hommes. Le général Rossignol eut, après un grave échec, un mouvement

honnête : « Citoyens, dit-il aux généraux
et représentants, j'ai juré la République
ou la mort, je tiendrai mon serment, mais
je vous déclare que je ne suis pas f .. pour
commander une armée. Qu'on me donne
un bataillon, et je saurai remplir ma tâche.
Voilà ma démission. » L'avocat représentant, Prieur, refusa cette offre et décida
que sous les ordres de l'inamovible Rossignol, il y aurait un général commandant
toutes les troupes. Kléber fit remettre à
Marceau ce commandement en chef, malgré son jeune âge. Marceau ne voulait
pas ; il consentit enfin. « Je garde pour
moi, dit-il à Kléber, la responsabilité, et
je ne demande que le commandement de
l'avant-garde. Je te laisserai à toi le commandement véritable, et les moyens de
sauver l'armée. — Sois tranquille, répondit Kléber, nous nous battrons et nous
nous ferons guillotiner ensemble. « Le
jour où Prieur accusa Marceau des représailles de la Vendée, il ne put lui dire :
« Nous savons que c'est moins ta faute
que celle de Kléber, et dès demain nous
établirons un tribunal pour le faire guillotiner. » Au Mans, où Kléber était accouru dans la nuit pour délivrer Marceau
témérairement engagé, une jeune fille se
précipita vers eux. Ayant appris que
toute sa famille avait péri, elle les sup-
pliait de la tuer aussi : « Jamais, dit Kléber, je ne vis une femme plus jolie, plus

intéressante. Elle avait à peine 18 ans .»
Kléber la fit monter dans l'unique voiture
de l'état-major, et conduire à Laval, où
l'on pensait lui trouver un asile sûr. Marceau, traversant Laval, à la poursuite de
Vendéens, rendit visite avec Kléber à la
jeune fille. Courte visite dont quelques
imaginations trop promptes se sont ser-
vies pour forger entre Marceau et Blanche Desméuliers un roman d'amour. Les
deux généraux regagnèrent l'armée ; les
révolutionnaires s'installèrent à Laval,
arrêtèrent la jeune fille, la firent guillotiner et commencèrent contre les deux généraux une procédure qui devait les mener à l'échafaud. Par bonheur Bourbette,
à qui Marceau avait sauvé la vie, l'arrêta.

A Cholet, le représentant Carrier, l'i-
gnoble inventeur des noyades de Nantes,
après s'être un peu avancé, abandonnait
au plus vite le champ de bataille. « Laissez passer le représentant Carrier, cria
Kléber à ses troupes ; rejetez-le sur les
derrières ; il tuera après la victoire. »

Ce sont là des mots qu'on ne pardonne
pas. La calomnie avait beau jeu contre
Kléber. Destitué, il fut envoyé dans une
sorte d'exil à Chateaubriand. Bientôt cependant le gouvernement comprit tout ce
qu'il perdait en n'employant pas Kléber
et l'envoya comme général de division
sous les ordres de Jourdan, à l'armée du
Nord qui allait devenir l'armée de Sam-

bre-et-Meuse. Les collègues de Kléber s'y
appelaient Desaix, Marceau, Bernadotte,
Championnet, Lefebvre ; ses inférieurs,
Scult, Davoust, Ney, Mortier, Riche-
pánse, Friant, Molitor, d'Hautpoul. Ce
n'était pas seulement une belle armée,
que cette armée de Sambre-et-Meuse, c'é-
tait une grande famille, où l'union la plus
cordiale existait entre les chefs, où l'esprit de corps poussait aux plus magnifi-
ques dévouements, où chacun voulait faire
tout ce qu'il pouvait avec le meilleur de
ses forces et de son intelligence. Kléber
assiège Charleroi ; il est à Fleurus où sur
la gauche il paralyse les Autrichiens ; il
partage avec Jourdan la victoire d'Alden-
oven, investit Maëstricht et s'en empare.
Eloigné quelque temps pour assumer, devant Mayence, le commandement en chef
de l'armée du Rhin, il reprend bientôt à
l'armée de Sambre-et-Meuse le commandement de toute l'aile gauche chargée de
franchir le Rhin. « Soldats, disait-il à ses
troupiers, le courage ne doit pas être la
seule vertu qui doit vous caractériser : un
amour ardent de vos devoirs me répond
de la discipline que vous observerez dans
le pays que vous allez conquérir. Les propriétés des paisibles habitants des campagnes seront donc respectées ; vous ne souf-
frirez pas que des hommes ennemis de votre gloire, de votre honneur, ternissent
vos victoires par des actions indignes de

l'humanité, se portent partout au pillage et ne présentent aux malheureux paysans que l'horreur de ces hordes du Nord qui, jadis, ne quittaient leur pays que pour porter chez leurs voisins le fer, la flamme et tous les crimes qui accompagnent l'anarchie et la licence. Le soldat français traite en frères ceux qui ne sont pas armés contre lui ; les chaumières surtout où reposent l'innocence et la paix, seront toujours un asile assuré pour ces vertus. Par votre conduite, vous inspirerez, mes camarades, la plus grande confiance aux habitants du pays; ils ne déserteront pas leurs maisons, vous les forcerez à vous estimer, vous parviendrez même peut-être à gagner leurs cœurs ». L'inaction de Pichegru ruina la campagne. Il fallut repasser le fleuve. A Neuwied voulant assurer la retraite de l'armée et rendre le passage du fleuve impossible à l'ennemi, Kléber avait dit à Marceau : « A l'instant où tu jugeras que j'ai traversé le pont, à Neuwied, fais mettre le feu à tous les bateaux qui sont sur le Rhin. « Marceau calcule mal le moment ; les bateaux incendiés dérivent par la rapidité excessive du Rhin, s'amoncèlent et embrasent le pont, alors qu'une partie de l'armée était encore sur la rive droite ; les troupes se trouvent pressées entre un fleuve étincelant de flammes et entre un ennemi cinq fois plus nombreux. Marceau veut se brûler la cervelle ; mais Kléber, calme comme toujours au milieu du plus grand péril, car plus le péril est grand, plus Kléber est calme, lui arrache le pistolet des mains. « Jeune homme, lui dit-il, fais-toi casser la tête en défendant ce passage avec ta cavalerie ; c'est ainsi qu'il t'est permis de mourir ! »

Ce fut, dans cette campagne de 96, qu'en septembre, l'armée française battant en retraite, Marceau fut mortellement blessé à Altenkirchen, à l'arrière-garde, tandis qu'il défendait pied à pied le terrain à l'ennemi. La douleur de Kléber fut immense : Marceau était pour lui plus qu'un ami, plus qu'un élève, un fils. Depuis la journée où Kléber l'avait si mal reçu au bivouac de Cholet, il l'avait aimé, et d'une affection qu'aucun nuage n'avait jamais traversé. Il aimait sa jeunesse, son humanité, et, plus froid que lui, il le contenait. « Nous prîmes l'engagement, écrit Kléber, en Vendée, de ne point nous quitter jusqu'à ce que nous eussions ramené les victoires sous nos drapeaux ». Le gigantesque Kléber et le frêle Marceau, et chez tous deux la même âme, le même cœur, la même passion ! Voulant rendre à la mémoire de Marceau un dernier hommage, Kléber dessina le monument funèbre érigé près de Coblence, au lieu même où le héros avait été frappé.

Kléber se retira alors à Chaillot, où il

possédait une maison de campagne   « Eh
quoi ! vous nous quittez, vous l'un des
pères de cette armée de Sambre-et-Meuse, lui écrivait Championnet. Ah ! reve-
nez pour ranimer nos bataillons, les faire
triompher, et mourir avec nous, s'il le
faut. ». Aux élections de l'an VI, Kléber
échoua en Alsace aux élections du Corps
Législatif. Il avait espéré obtenir le commandement en chef de l'armée de Sambre-et-Meuse : ce fut Hoche qui l'obtint,
Hoche qui le dénonçait au Directoire et
réclamait sa tête. Kléber, du reste, ne
cachait pas le peu d'estime qu'il avait
pour le Directoire. Un soir, il s'était
laissé conduire chez Barras. Barras, qui
faisait sa partie de piquet, se contenta de
le saluer d'un signe de tête, puis, quand
il eût fini, lui dit quelques paroles insi-
gnifiantes, et reprit son jeu. Kléber jura
de ne plus remettre les pieds chez un per-
sonnage aussi mal élevé et tint parole. Avec
Rewbell, autre directeur, il termine une
explication par ces mots plutôt vifs :
« Citoyen Rewbell, dès que tu auras un
pied hors du Directoire, tu auras le
mien... » Vous comprendrez que je n'a-
chève pas. Au Directoire tout entier, qui
s'inquiétait de la conduite qu'il tiendrait
envers les partis insurgés : « Je tirerai
sur vos ennemis, dit-il ; mais en leur faisant face, à eux ; à vous, je vous tourne-
rai le dos. »

C'est dans cette maison de Chaillot, sise en face le Champ de Mars, que vint le trouver, de la part de Bonaparte, Caffarelli-Dufalga, général d'artillerie. Kléber voulait-il accompagner Bonaparte en Egypte ? Cafarelli lui cita plusieurs noms, entr'autres celui de Desaix, qui s'était offert de lui-même. Kléber accepta.

Mais vous pensez bien que Kléber avait l'esprit trop sérieux pour s'embarquer dans une pareille expédition sans s'y préparer. Il se mit à étudier avec soin, au dépôt de la guerre, les documents relatifs à l'Egypte, à l'Inde, à la Perse, et rendit visite aux savants et aux artistes engagés par Bonaparte.

L'Egypte révèle non pas un nouveau Kléber, mais un Kléber qui déploie tout son génie. Chaque difficulté provoque, de sa part, un effort plus puissant et une plus vive explosion de ses facultés. Et tout d'abord, libre, n'ayant plus auprès de lui quelqu représentant du peuple pour le soupçonner ou le contrarier, il brille, comme soldat, au premier rang. Un des premiers à l'assaut d'Alexandrie, grièvement blessé à la tête, dans la campagne de Syrie, toujours à l'avant-garde, tant qu'on marche en avant, à l'arrière-garde pendant la retraite, il est vainqueur à El-Arish, à Cana, au Mont-Thabor. Là, le 15 avril 1799, enveloppés par la cavalerie ennemie, et submergés par les flots d'ardente poussière qu'elle souleve,, 2.000 soldats de Kléber combattent pendant sept heures sous un soleil de feu contre 30.000 soldats turcs et arabes. On avait formé le carré, on l'avait flanqué d'artillerie, les munitions commençaient à man·quer. Tout à coup, retentit le canon de Bonaparte. Les Français s'élancent, occupent le village de Fouli, dispersent les masses ébranlées. Bonaparte et Kléber s'abordent enfin, et s'embrassent sur le champ de bataille. « Général, vous êtes grand comme le monde, » s'écrie Kléber dans un mouvement d'irrésistible enthousiasme. Bonaparte, dans son rapport, attribue à Kléber toute la gloire de cette journée.

Et toujours le prodigieux ascendant que Kléber exerce sur les troupes.

Durant la retraite qui suivit le siège de Saint-Jean-d'Acre, les soldats décimés par les maladies, la soif, les fatigues, se mutinaient et ne voulaient plus avancer. Kléber s'arrêta devant eux : « Ah ! s'écrie-t-il, vous croyez que faire la guerre, c'est piller, c'est voler, c'est tuer, c'est faire tout à son plaisir. Non ; c'est faire la guerre, c'est avoir faim, c'est avoir soif. c'est souffrir, c'est mourir, c'est obéir, entendez-vous bien. » Les soldats se levèrent confondus, et on n'entendit plus un murmure.

Il remporte à Heliopolis sa plus belle

victoire, qui est l'égale des plus belles. Bonaparte, sentant l'heure venue, avait confié l'Egypte à Kléber pour regagner la France. Il lui avait laissé ses instructions, entr'autres celle-ci : les nouvelles des succès ou des revers qu'aura la République devront influer puissamment dans vos calculs. Or, Kléber apprend que l'Italie est perdue, que l'armée navale est bloquée dans Brest, que la flotte hollandaise est au pouvoir de l'ennemi, que les Russes et les Anglais sont en Hollande, que l'Alsace est sans défenseurs, que la Vendée renaît, que Mayence est en feu ; il ignore la victoire de Masséna à Zurich. Il lui semble qu'à Paris, on ne s'occupe même pas de l'Egypte, si ce n'est pour en réprouver la conquête. Il faut porter secours à la France, et il signe une convention qui lui permet, en évacuant l'Egypte, de transporter en France son armée avec toutes les garanties d'honneur et de sécurité. S'il est si pressé de revoir la France, ce n'est ni par haine de Bonaparte, ni par impatience de combattre ses projets ambitieux ; c'est parce que, d'après les dernières nouvelles reçues, la situation, à l'intérieur comme à l'extérieur, apparaît terriblement menaçante. Mais le 18 brumaire avait eu lieu, et le gouvernement ne ratifiait pas les conventions. L'amiral anglais Keith exigeait que l'armée française mît bas les armes et se rendît à discrétion. L'Egypte était perdue, Kléber allait la reconquérir. Il fit mettre à l'ordre du jour la lettre de l'amiral en y ajoutant les mots fameux : « Soldats, on ne répond à de telles insolences que par des victoires: préparez-vous à combattre.» Il avait 10.000 hommes contre 60.000 des meilleurs soldats turcs. Qu'importe ! il bat l'ennemi à Héliopolis, soumet la Basse-Egypte, reprend le Caire, rejette les Turcs en Syrie, conquiert enfin à son tour après Bonaparte, et plus vite que lui, toute l'Egypte. Bonaparte reçut la nouvelle d'Héliopolis au moment même où il triomphait à Marengo ; mais déjà Kléber avait cessé de vivre.

Si grand qu'ait été Kléber comme général, il fut encore plus grand comme gouverneur et organisateur de l'Egypte. Après la prise d'Alexandrie, Bonaparte lui avait donné le gouvernement de la province ; il ne pouvait faire un meilleur choix. Détails militaires, administratifs, financiers, rien ne demeure étranger à Kléber. Il trace la ligne provisoire de défense parmi les immenses décombres de la cité des Ptolémées, passe des marchés pour les terrassements et la conduite des travaux, organise une commission des subsistances, paie largement, pour gagner la confiance des habitants. Il prescrit aux soldats, sous les peines les plus sévères, le respect des lois, des coutumes et du culte du pays. Il est intègre, humain, il pratique toutes ces rares qualités qu'il n'avait pu que montrer en Vendée, et toujours il garde son franc-parler.

L'argent manquait dans la place pour payer la solde arriérée et Bonaparte avait ordonné à Kléber d'employer les réquisitions. Kléber, opposé à ce système qu'il jugeait désastreux, dispose provisoirement d'une somme de 115.000 fr. que Bonaparte lui avait envoyée pour les premiers besoins de la marine. Bonaparte accusa Kléber de dilapidation. Kléber révolté lui écrivit : « Vous avez oublié, citoyen général, lorsque vous avez écrit cette lettre, que vous teniez en main le burin de l'histoire et que vous écriviez à Kléber. Je ne présume pourtant pas que vous ayez eu la la moindre arrière-pensée : on ne vous croirait pas. Je ne suis point venu en Egypte pour faire fortune ; j'ai su jusqu'ici la dédaigner. mais je ne laisserai jamais non plus planer sur moi aucun soupçon. » Bonaparte s'empressa de lui faire des excuses, puis l'invita à le rejoindre au Caire pour prendre part à l'expédition de Syrie. Kléber ne voulait pas accepter. Bonaparte lui écrit : « Croyez au prix que j'attache à votre estime et à votre amitié. Je crains que nous ne soyons un peu brouillés ; vous seriez injuste si vous doutiez de la peine que j'en éprouverais. Sur le sol de l'Egypte, les nuages, lorsqu'il y en a, passent en six heures ; de mon côté, s'il y en avait, ils seraient passés en trois ; l'estime que j'ai pour vous est au moins égale à celle que vons m'avez témoignée quelquefois. » Kléber partit pour le Caire immédiatement.

Mais le voilà commandant en chef de l'armée d'Egypte. La place importante, lui disait Bonaparte, que vous allez occuper vous mettra à même de déployer les talents que la nature vous a donnés. « Peut-être Bonaparte ne croyait-il pas si bien dire. Tout d'abord irrité de trouver, selon sa vive expression, l'oiseau déniché, et irrité surtout de la façon dont l'oiseau avait quitté le nid, Kléber ne pensa plus bientôt qu'à son devoir. Va-t-il, comme il le pourrait si facilement, se faire nommer roi d'Egypte. Non. « Dites au peuple, proclame-t-il aux ulémas, que le gouvernement de la République Française, en me conférant le gouvernement de l'Egypte, m'a chargé spécialement de veiller au bonheur du peuple égyptien; et de tous les attributs de mon commandement, c'est le plus cher à mon cœur. »

« Le peuple de l'Egypte fonde principalement son bonheur sur sa religion ; la faire respecter est donc un de mes principaux devoirs. Je ferai plus ; je l'honorerai et contribuerai, autant qu'il est en mon pouvoir, à sa splendeur et à sa gloire.

Cet engagement pris, je crains peu les méchants : les gens de bien les surveilleront et me les feront connaître. Là où l'homme juste et bon est protégé, le pervers doit trembler, le châtiment est suspendu sur sa tête.

« Bonaparte, mon prédécesseur, a acquis des droits à l'affection des cheiks, des ulemans et des grands par une conduite intègre et droite ; je la tiendrai, cette conduite ; je marcherai sur ses traces et j'obtiendrai ce que vous lui avez accordé. Retournez donc parmi les vôtres : réunissez-les autour de vous et dites-leur encore : « Rassurez-vous ; le gouvernement de l'Egypte a passé en d'autres mains, mais tout ce qui peut être utile à votre félicité, à votre prospérité, sera constant et immuable ! »

Il rêve d'une Egypte industrieuse, et guérie de l'oligarchie néfaste des Mamelucks. Après l'insurrection du Caire, nulle vengeance sanglante : le seul châtiment, c'est une contribution de guerre. Dans un pays où les qualités physiques exercent un si grand prestige, il semblait taillé par la nature même pour remplir ce rôle de pasteur des peuples et il n'hésitait pas à s'entourer d'un certain luxe d'étiquette et d'apparat. Il s'était fait craindre, autant que Bonaparte, mais il se fit aimer davantage, en perfectionnant l'Administration, et en usant sobrement des moyens de rigueur. Suivant le rapport d'un témoin oculaire, pendant les derniers temps du gouvernement de Kléber, un Cophte arrivait seul dans un village, intimait les ordres au nom des Français et était obéi plus ponctuellement qu'un colonel ne l'eût été précédemment avec un régiment entier. Sauf le danger des Arabes, un Français pouvait parcourir le pays sans inquiétude, et l'on commençait même à voir des négociants prendre le costume français pour voyager avec plus de sûreté. « Sultan français, lui dit un jour, le vieux cheik El-Erab, vois-tu les hauteurs rougeâtres qui nagent sur ce désert. C'est l'ouragan des mamelucks, ce sont des villages en ruines. Dieu l'a voulu, mais j'aime les Français, parce qu'ils protègent les Fellahs. »

Le 14 juin 1800, le même jour où mourait à Marengo, son compagnon Desaix, celui que la piété des Alsaciens unit dans le même culte et qui a son monument sur la route de Kehl, Kléber tombait, sur la terrasse du quartier général, au Caire, assassinat, sinon préparé, du moins consenti par le grand vizir.

Kléber venait de visiter avec l'architecte Protain les travaux du palais du gouvernement, puis il était allé déjeûner chez Damas. Jamais il n'avait paru si confiant dans l'avenir, si joyeux aussi. Lui et Damas avaient égayé les

convives en dessinant une caricature qui
représentait les députés des 500, s'éva·
dant par les fenêtres de l'Orangerie à St-
Cloud. Il était près de deux heures lorsque Kléber prit congé de l'assemblée, et,
suivi seulement de l'architecte Protain,
retourna dans son palais. Une longue terrasse, ombragée par un berceau de vigne, reliait les deux habitations du général en chef et du général Damas. Kléber
et l'architecte suivaient lentement en cau-
sant cette terrasse, lorsqu'un homme,
vêtu à la manière des Orientaux, maigre,
chétif, s'élance d'une citerne desséchée,
bondit sur Kléber, et lui porte un coup
de poignard dans la région du cœur. « A
moi, je suis blessé », crie Kléber, et il
s'affaisse sur le parapet de la terrasse. Il
venait d'apercevoir un de ses guides sur
la place Ezbekieh. Le poignard, enfoncé
dans l'aine gauche, faisait une ouverture
large et profonde. Cependant, Protain,
n'ayant à la main qu'une baguette, avait
voulu se saisir de l'assassin, qui, dans
une sorte de stupéfaction, demeurait immobile devant sa victime.

Il s'engagea alors entre eux une lutte
corps à corps, dans laquelle l'architecte
reçut six coups de poignard qui le renversèrent auprès de Kléber. L'inconnu,
débarrassé de son adversaire, se jeta de
nouveau sur le général et le frappa encore
par trois fois. Fureur inutile ! la première

blessure était mortelle : l'arme avait coupé une artère. Alors l'assassin, nommé Soudeyman, qui s'était décidé à ce qu'il appelait le combat sacré par fanatisme religieux, et aussi parce qu'on lui avait promis, contre la mort du général, la liberté de son père, s'éloigna par des sentiers détournés. On le découvrit, un peu plus tard caché sous un arbre. Sur ces entrefaites, le guide aperçu par Kléber entrait précipitamment dans la maison du général Damas et jetait l'alarme parmi tous ceux qui s'y trouvaient réunis ; ce fut à qui arriverait le premier sur la terrasse du palais. Kléber, pressé dans les bras de ses amis, interrogé par eux, ne put prononcer un seul mot, quoiqu'il respirât encore. On s'empressa de le secourir mais ce fut en vain, il expira peu d'instants après.

La nouvelle de sa mort fut bientôt répandue dans la ville. A une consternation profonde succéda promptement, chez les soldats, le désir de la vengeance ; ils prirent les armes et parcoururent les rues en donnant tous les signes de l'égarement et de la fureur. Ces sentiments se peignaient avec tant d'énergie dans leurs traits, que les habitants, épouvantés, se renfermèrent dans leurs foyers ; de toutes parts on entendait ces cris : « Aux armes, vengeons-nous, vengeons Kléber ! » Lorsque le tambour, en battant la générale, eut rassemblé les différents corps, les offi-

ciers continrent à grand peine l'exaspéra-
tion des troupes, qui voulaient incendier
le Caire, pour anéantir, disaient-elles, ce
repaire de brigands et d'assassins.

Quand en 1801, l'heure de l'abandon
définitif eut sonné, la dernière garnison
française n'oublia pas les restes de son ancien général, et la dépouille mortelle de
Kléber descendit le Nil, saluée par les
batteries anglaises et turques. Ramenée
en France, elle fut déposée au château
d'If, et c'est de là qu'en 1818 elle prit le
chemin de Strasbourg. Les Strasbourgeois pouvaient dire ce que Hugo dira
plus tard de Napoléon :

Dors; nous t'irons chercher! ce jour viendra peut-
[être,
Oh ! va, nous te ferons de belles funérailles !
Nous aurons bien aussi peut-être nos batailles,
Nous en ombragerons ton cercueil respecté !
Nous y convierons tout, Europe, Afrique, Asie,
Et nous t'amènerons la jeune Poésie

    Chantant la jeune Liberté.

. . . .
    Tu seras bien chez nous.

Les vétérans, ses anciens compagnons
d'armes, se pressaient pour lui rendre les
derniers honneurs. Des deux côtés de la
route, qui conduisait à la porte de l'en-
ceinte, la troupe de ligne et la garde nationale formaient la haie ; un détachement
de gendarmerie escortait le convoi. Le
3 septembre, le cercueil arriva à la Mei-

nau, où il resta jusqu'au 7. Ce jour-là, avant dix heures du matin, toutes les troupes occupaient leur rang de bataille sur les places et dans les rues. A dix heures le corbillard arriva à la porte d'Austerlitz, orné de guirlandes d'immortelles et de branches de lauriers, traîné par six chevaux noirs que conduisaient des soldats du train d'artillerie. Les autorités civiles et militaires attendaient avec les vétérans des grandes guerres, et une foule innombrable. Le colonel Ricard prononça un discours, et le convoi pénétra dans la ville. Les tambours battaient un rythme funèbre, le canon tirait à intervalles réguliers : quatre généraux de division tenaient les cordons du poêle; les troupes présentaient les armes. Le cortège arriva ainsi jusqu'à la cathédrale, où l'évêque, entouré de son clergé, reçut le cercueil de Kléber, pontificalement, au grand portail de la cathédrale. L'église était entièrement tendue de noir et seulement éclairée par des bougies. Quand le service divin fut terminé, les restes du général, remis officiellement au maire, furent, en présence de toutes les autorités, déposées dans le caveau de la chapelle Saint-Laurent. Ils restèrent ainsi vingt ans dans la Cathédrale, jusqu'au 13 décembre 1838, où ils furent transférés avec une pompe magnifique dans le caveau de la place d'Armes, sur laquelle en 1840 fut élevée la statue.

Voilà, Mesdames et Messieurs, trop mal résumée l'histoire de ce grand homme. Il a rempli d'admiration tous ceux qui l'ont connu. Le général Cafarelli disait de lui : « Ce corps de Kléber était bien grand, mais il était encore petit pour loger une âme de la taille de la sienne. » et Bernadotte : « Ce n'est pas seulement dans la guerre et dans la politique, c'est en tout, que je n'ai rien vu d'aussi grand que Kléber ! en tout il a été mon maître. » Custine l'appelait le premier officier d'infanterie de la République. « C'était vraiment quelque chose au-dessus de l'homme que ce Kléber, avouait le maréchal Maison ; c'était Hercule et Mars réunis » et le diplomate Alquier résumait tous ces jugements par ces mots saisissants : « C'était un homme qui avait six pieds en tout. »

De tous ces innombrables généraux, capitaines et soldats, que l'Alsace donna et donne encore à la France, Kléber demeure le grand ancêtre. Si l'on imaginait, à la manière de Raffet, une revue funéraire de ces milliers de braves, défilant devant l'image de la patrie, c'est lui qui marcherait en tête, colosse commandant la parade. Les grands hommes ne meurent jamais tout entiers : par delà les tombes ils continuent à agir sur les générations qui se succèdent : et souvent même leur action est plus puissante après la mort que durant leur vie. Ainsi de Kléber. Il n'a pas laissé de postérité, sinon, comme on l'a dit, des filles immortelles, ses journées de Cholet, d'Altenkirchen, du Mont-Thabor, d'Héliopolis. Mort, mais coulé dans le bronze au milieu de Strasbourg, il propose à tous les Français un magnifique exemple. L'amour de la patrie et l'amour de la gloire furent sa seule passion ; il eut toujours le courage de dire ce qu'il pensait, jamais il n'abusa de la victoire ; impétueux et maître de lui-même dans le combat, il ne se laissa jamais ni abattre par les revers ni éblouir par le succès. Enfin plus particulièrement il enseigne chaque jour, à chaque heure, aux Alsaciens comment la France récompensait le dévouement de ses fils, sans distinction d'origine. Fils d'un gardien de ville, en devenait général. Fiegenschuh, Ihler, Jaeglé, jeunes officiers morts pour la France, en Mauritaine et au Maroc, n'est-ce pas Kléber qui exalta votre âme et fit de vous ce qu'il était, les héroïques témoins de la fidélité alsacienne.

Paul ACKER.

III

CONFÉRENCE

DU 9 JANVIER 1913

PAR

L'ABBÉ WETTERLÉ

Député d'Alsace-Lorraine au Reichstag
et à la Chambre d'Alsace-Lorraine

UN

Évêque de Metz :

Mgr Dupont des Loges

M. l'Abbé WETTERLÉ

UN ÉVÊQUE DE METZ :

Mgr DUPONT DES LOGES

Mesdames et Messieurs,

Si jamais homme fut mal préparé au rôle politique que les événements devaient l'appeler à jouer, ce fut bien Paul Georges-Marie Dupont des Loges.

Homme d'ancien régime, breton têtu dans sa foi monarchique comme dans sa foi religieuse, ne transigeant en aucune circonstance avec une conscience dont les arrêts étaient sans appel, plaçant bien au-dessus de toutes les contingences un rigorisme qui d'abord s'exerçait sur ses propres actes, ayant puisé dans une famille de robe le respect inflexible des anciennes formules, il devait, représentant d'un autre âge, traverser les époques les plus troublées de l'histoire de France, exercer son ministère sous les gouvernements les plus divers et assister aux pires bouleversements sans que, dans les circonstances les plus graves, il déviât jamais du programme rigoureux qu'il s'était tracé dès ses premiers pas dans la vie.

Et pourtant le prélat, qui avait rêvé de s'enfermer dans une tour d'ivoire et de ne travailler que pour l'Eglise, fut sans qu'il le voulut, amené à descendre dans l'arène de la vie publique. D'instinct, *parce qu'il avait l'âme haute,* il y évolua sans aucun embarras, trouvant le mot juste, esquissant le geste approprié, sachant s'assurer le respect et l'admiration de tous, de ses amis comme de ses adversaires, s'oubliant d'ailleurs toujours soi-même pour ne penser qu'à la patrie et tout surpris quand il supposait n'avoir fait que son devoir de recueillir tant d'éloges et de s'entendre citer comme un modèle.

Vous n'attendez pas, Mesdames et Messieurs, que je vous retrace par le menu la carrière ecclésiastique si bien remplie de Mgr Dupont des Loges. Quelques dates et quelques faits suffiront pour bien camper, dans le milieu où s'épuisa son inlassable activité, cette grande figure d'évêque.

Le but de ces conférences est avant tout d'étudier l'histoire politique de l'Alsace-Lorraine. N'est-il pas surprenant de constater qu'un prélat breton y occupa une place si large ? Il est vrai que Mgr Dupont des Loges devait occuper pendant 43 ans le siège de St-Clément et qu'une catastrophe sans exemple, en l'associant

aux douleurs poignantes de son troupeau,
fit de lui le plus patriote des Lorrains.

Paul Dupont des Loges était né à Rennes le 16 novembre 1804. Ses ancêtres
avaient siégé au parlement de Bretagne.
Son père, président de Chambre à la Cour
de Rennes, refusa le serment pendant les
Cent-Jours. Premier président sous la
Restauration, il rentra dans la vie privée
quand éclata la Révolution de 1830, suivi
dans sa retraite par son fils aîné qui était
conseiller à la cour.

Paul était le neuvième de onze enfants.
De santé très délicate, il ne semblait pas
être appelé à de brillantes destinées. Ses
frères et ses sœurs l'appelaient malicieusement « la petite Pauline » tant il était
éloigné, durant son enfance, des jeux
bruyants de son âge.

Dès cette époque il s'était senti attiré
vers le sacerdoce. Après de solides études
au collège royal et au petit séminaire de
Rennes il fut reçu à St-Sulpice, où il demeura sept ans et où ses directeurs durent
surtout s'appliquer à vaincre son extrême
timidité.

Dans cette sainte maison il eut entre
autres comme condisciples M. Dupan-
loup, qui devint plus tard le célèbre évêque d'Orléans et celui qui illustra la chaire
de Notre-Dame de Paris, Lacordaire.

Après son ordination, Mgr. de Lesquen,
évêque de Rennes, lui offrit un canonicat.

Le jeune prêtre préféra se consacrer au ministère paroissial et pria le curé de Saint-Sauveur de l'accepter comme vicaire. Ce n'est qu'après la mort de son père que l'abbé Dupont des Loges fut nommé chanoine honoraire et s'occupa d'œuvres, particulièrement de celle des orphelins. En 1840 Mgr Morlot, évêque d'Orléans, fit de lui un vicaire général. Dès cette époque sa réputation de sagesse était établie. Vingt évêques l'avaient proposé au choix du Pape et du gouvernement pour un siège épiscopal. Sur les instances pressantes de ses supérieurs et de ses amis, après de longues et anxieuses hésitations, l'abbé Dupont des Loges accepta le siège de Metz. Il était âgé de 38 ans.

Les Lorrains sont très réservés. Ils ne se donnent pas facilement. Le nouvel évêque était lui-même une de ces natures fermées dont il est malaisé d'abord de démêler les sentiments profonds. Le premier contact ne fut donc pas très chaleureux.

Le jeune prélat s'appliquait surtout à établir une discipline sévère, dont il était le premier à donner l'exemple. Et pourtant tel était le rayonnement de sa bonté, que bientôt Mgr Dupont des Loges devint le plus populaire des pontifes de France.

C'est que ce gentilhomme, doublé d'un saint, se dépensait sans compter pour les autres et que, dédaigneux de toutes les

satisfactions personnelles et de tous les
honneurs, il n'avait qu'un désir, qu'une
volonté : le relèvement moral et matériel

de son diocèse. Ne reculant devant aucune
fatigue, dépensant largement son indemnité et sa fortune privée en bonnes œu-

vres, suscitant de merveilleux dévouements là où ses propres forces et ses propres ressources n'eussent pas suffi à réaliser ses généreux desseins, il s'appliquait
à ne rien abandonner au hasard et as-
seyait sur des bases solides les nombreuses
créations qui furent l'honneur de son épiscopat.

Lorsqu'en 1868 les Messins fêtèrent le
vingt-cinquième anniversaire de la con-
sécration de leur évêque, M. de Pont-
briand récapitula, dans les termes suivants, les institutions qui devaient au
prélat leur existence et leur prospérité.

« Comme chrétiens, nous vous remercions de ces églises si nombreuses que
vous avez fait élever et restaurer dans le
diocèse, de l'organisation des œuvres de
la Propagation de la Foi et du Denier de
Saint-Pierre, de l'extension donnée à
l'œuvre du Bon-Pasteur, de l'établissement d'une maison de réconciliation et
de persévérance à Montigny pour les prisonnières libérées, du Noviciat des Frères
de Beauregard, de la maison des Rédemptoristes de Teterchen, de l'installation des
Sulpiciens au Grand Séminaire.

« Comme amis des pauvres, nous vous
remercions de l'organisation des Ecoles
privées des Frères, des Orphelinats de la
Providence, de Saint-Joseph, de Sainte-
Constance, de l'œuvre des Jeunes Ouvriers, de l'appui donné à la Société cha-

ritable de Saint-Vincent de Paul et à la
Société amicale de Secours mutuels.

« Comme pères de famille, nous vous
bénissons d'avoir fondé le petit Séminaire, la Maîtrise, d'avoir installé les Jésuites à Saint Clément, où nos enfants sont
assurés de recevoir une éducation chrétienne. »

L'historien de Mgr Dupont des Loges,
M. l'abbé Félix Klein, a rapporté par le
menu, avec une émotion profonde et un
incomparable talent, tout ce que ces
créations et bien d'autres avaient coûté
d'efforts à l'évêque de Metz. Avant d'a-
border la carrière politique du prélat, je
tiens à rendre hommage à l'écrivain au
livre duquel j'ai dû faire de nombreux
emprunts pour tracer à larges traits devant vous la silhouette attachante d'un
grand patriote.

Mgr Dupont des Loges s'était toujours
tenu systématiquement à l'écart de la
vie publique. Légitimiste intransigeant,
il avait entretenu des rapports corrects,
mais dépourvus de toute cordialité, avec
la monarchie de juillet, la République de
1848 et le second Empire.

Quand en 1854, après une épidémie de
choléra, le ministère du prince-président
le pria de proposer pour des décorations
ceux de ses prêtres qui s'étaient particulièrement distingués par leur dévouement à soigner les malades, il refusa d'ob-

tempérer à ce désir. Il s'en expliqua ainsi dans l'assemblée synodale de l'année suivante :

« La plupart des évêques, et je suis du nombre, tout en se montrant très touchés des dispositions du pouvoir, ont pensé qu'il était plus noble, plus digne de vous, messieurs, que le clergé ne fût pas compris dans la liste des récompenses. Qu'est-ce pour un prêtre qu'une mention honorable ou une médaille ? Dans le bien qu'il lui est donné d'accomplir, il ne cherche d'autre témoin que l'œil de Dieu et l'objet de son ambition n'est pas sur la terre. »

Mgr Dupont des Loges fut un des deux évêques qui n'assistèrent pas au baptême du prince impérial. Napoléon III disait de lui : « L'évêque de Metz ne se laissera pas gagner, mais c'est un évêque ».

Voici d'ailleurs la profession de foi que nous trouvons dans une lettre que le prélat adressa au ministre Rouland :

« Il y a vingt ans, monsieur le ministre, que je porte le fardeau redoutable de l'épiscopat. Pendant ces vingt années, j'ai vécu sous plusieurs gouvernements. J'ose me rendre ce témoignage d'avoir toujours fidèlement rempli envers eux les devoirs qu'impose aux chrétiens la doctrine évangélique enseignée par saint Paul. Mais je crois leur avoir rendu un des plus grands services qui fussent en mon pouvoir : je n'en ai flatté aucun. »

Tout l'homme est dans cette dernière phrase.

Et pourtant quand vint la grande crise, quand, après les premières défaites, l'empereur fatigué, malade, découragé, s'arrêta quelques jours à Metz et reçut l'évêque, celui-ci fut pris d'une immense commisération pour le souverain qui, malgré tout, représentait à ses yeux la France meurtrie :

« Que ce pauvre empereur m'inspire de pitié, écrivait-il. Il ne m'a pas compté parmi ses partisans ; mais il me semble que je deviens bonapartiste aujourd'hui en le voyant si malheureux. »

Cependant, les événements se précipitent. Le canon tonne autour de Metz l'inviolée. Les calculs ambitieux d'un général politicien transformèrent en défaites les batailles de Borny, de Rezonville et de Saint-Privat. L'armée du Rhin est cernée, 22.000 blessés encombrent les hôpitaux de la ville assiégée. Mgr Dupont des Loges se multiplie. Une ambulance est installée dans son palais épiscopal. L'évêque va partout prodiguer les consolations de la religion aux mourants.

Un hasard le met en présence de Bazaine. Le maréchal lui rend sa visite et, au cours d'un long entretien, il s'abandonne jusqu'à confier à son interlocuteur interdit les louches arrière-pensées de sa tactique égoïste : « La résistance de Metz, dit-il, sera forcément de peu de durée. Et moi, une fois sorti, que deviendrai-je ? J'aurai toujours les Prussiens sur les talons et devant moi j'aurai à combattre les ennemis de l'ordre social qui ont partout relevé la tête. » Il avoue que le prince Frédéric-Charles lui a fait tenir des coupures de journaux qui sont décourageantes. Bazaine semble éprouver comme le besoin maladif de vider son cœur devant un homme dont il sait qu'il a l'âme trop haute pour abuser de ses confidences. Et de fait Mgr Dupont des Loges ne fera aucun usage de cette confession, même au cours du procès du maréchal.

Mais plus tard, pris d'un sentiment compréhensible de révolte, il écrira : « Un de mes plus grands sujets de confusion, après mes péchés, c'est qu'un tel homme m'ait par deux fois baisé la main. »

Après de brillants, mais inutiles combats de Noisseville et de Ladonchamp, l'armée du Rhin n'essaye même plus de briser le cercle de fer qui l'emprisonne. Le 27 octobre 1870, le maréchal signe la capitulation qui livre à l'ennemi la citadelle de la Lorraine avec les 150.000 hommes qui campent dans ses murs. La population est consternée, mais l'évêque est là pour relever les courages abattus.

Après la signature de la paix, Mgr Dupont des Loges a immédiatement compris le danger de l'émigration. 12.000 Messins, obéissant à un sentiment, d'ailleurs souverainement respectable, quittent le territoire annexé pour rester Français. L'évêque le regrette. Il sait que chaque indigène qui s'en va fait place à un Allemand. Du moins s'efforcera-t-il d'arrêter l'exode du clergé.

Dans une allocution synodale, il dit à ses prêtres : « Abandonner son peuple désolé et menacé, ce serait ressembler à ce pasteur que Jésus-Christ a flétri en l'appelant un mercenaire. Ce que l'avenir nous réserve, Messieurs, est le secret de la Providence. Mais ce que j'ai le droit d'attendre et ce que j'espère avec confiance du clergé de ce diocèse, c'est que, quoi qu'il arrive, tous resteront à leur poste, guides, avocats, consolateurs, conseillers, amis, pères des fidèles confiés à leurs soins, sentinelles vigilantes, défenseurs intrépides de là foi et des droits de la conscience. »

Au lendemain de la guerre, l'évêque de Metz, désireux d'apporter de grandes consolations aux grandes douleurs de ses diocésains, avait fait appel au Père Monsabré pour prêcher le Carême dans sa cathédrale. Son attente ne fut pas déçue. L'illustre dominicain obtint un prodigieux succès. Je ne citerai que la péroraison de son dernier sermon, prononcé le jour de Pâques :

Les peuples aussi ressuscitent quand ils ont été baignés dans la grâce du Christ ; et, quand, malgré leurs égarements, ils n'ont pas abjuré la foi, l'épée d'un conquérant et la plume d'un diplomate ne peuvent les abattre pour toujours. *On change leur nom, mais non pas leur sang.* Quand l'expiation touche à son terme, son sang se réveille et revient, par une pente naturelle, se mêler au courant de la vieille vie nationale. Vous n'êtes pas morts pour moi, mes frères, mes compatriotes... Non, vous n'êtes pas morts ! Partout où j'irai, je vous le jure, je parlerai de vos patriotiques aspirations et de vos indomptables espérances ; partout, je vous appelerai des Français, jusqu'au jour béni où je reviendrai dans cette cathédrale prêcher le sermon de la délivrance et chanter avec vous un *Te Deum* comme ces voûtes n'en ont jamais entendu.

En 1872, un journaliste malveillant avait reproché aux catholiques de se désintéresser des malheurs de la patrie. Cette calomnie frappa au cœur Mgr Dupont des Loges qui crut devoir y répondre dans une lettre pastorale indignée :

Quand la cause la plus chère est en jeu, écrivait-il, quand il s'agit des revers du pays et peut-être de sa destinée, on insinue contre nous que le vrai patriotisme n'est pas compatible avec ces principes immortels de notre foi qui nous sont plus chers que la vie.

Nous sommes contraints de l'avouer, que notre cœur se serre, en relevant pour notre part, de telles accusations, dans les circonstances que la divine Providence nous a faites. Quoi ! nous avons été séparés violemment par la rigueur des événements du pays qui nous a vus naître. Nous sommes devenus la rançon de la France, notre séparation douloureuse a délivré nos frères, et notre sacrifice a été leur salut. C'est là notre sort! Nous le portons avec la résignation qui honore le malheur et en demandant à la religion les forces qui manquent à la nature. Et nous pourrions entendre dire quelque part, sans que notre sang se soulève, que ce que nous donnons à Dieu et à l'espérance d'une vie à venir, nous l'enlevons à cet impérissable sentiment que nous gardons au fond de nos âmes ? Cette amertume manquait à notre calice !

« Non, non, affirmons-le hautement, nous tous qui croyons et confessons notre foi, affirmons-le surtout en ces jours d'épreuve, à la gloire de la même foi, non moins qu'à l'honneur de la vérité : la fidélité à Dieu n'enlève rien à ces généreux sentiments de la nature. Loin de là. Le patriotisme le plus vif et le plus pur a toujours été religieux. Dans ce noble pays qui était encore le nôtre hier, et dont l'histoire remplit nos souvenirs, tout ce qui s'est fait de grand en ce sens a été marqué de ce caractère. Les noms seuls le disent. En nos jours même, malgré l'affaiblissement des âmes, si, par impossible, il avait fallu, comme en d'autres temps, le sacrifice de quelques vies pour désarmer le vainqueur qui nous réclamait comme gage de sa conquête, nous nous serions levés en grand nombre, et chacun de nous aurait dit comme Eustache de Saint-Pierre, et en s'inspirant des mêmes sentiments que lui : « J'ai si grande espé- « rance d'avoir pardon en Notre-Seigneur si je « meurs pour ce peuple sauver, que veux être le « premier. »

Quand au cimetière de Chambières les Messins eurent élevé un superbe monument aux 7,000 soldats morts pour la patrie pendant le siège de leur ville, Mgr Dupont des Loges tint à honneur d'assister à la touchante cérémonie d'inauguration. Invité à prendre la parole devant la foule immense qui se pressait dans le Champ de la Mort, il improvisa une allocution dont je citerai seulement les dernières phrases :

« Les familles en deuil garderont mieux désormais la recommandation que saint Paul adressait aux fidèles dans la perte de leurs proches et de leurs amis de ne point s'attrister comme ceux qui n'ont point l'espérance. Je m'arrête à ce mot, il est si doux... l'espérance ! »

Ah ! comme Mgr Pie, l'éminent évêque de Poitiers, avait raison d'écrire à son collègue de Metz : « Combien je prends part à toutes vos souffrances. Vous étiez bien l'homme de France le moins préparé à n'être plus de la France. »

Un ami de Mgr Dupont des Loges ne nous a-t-il pas confié que lui ayant un jour posé la question suivante : « Que ferions-nous, Monseigneur, si nous redevenions Français ? » l'austère prélat avait répondu, le visage rayonnant : « Nous ferions des folies. »

Il avait été question un moment d'exiger des évêques le serment de fidélité à l'empereur allemand. Mgr Dupont des Loges était bien décidé à le refuser. Quand le danger fut passé, il écrivit malicieusement à son ami le Père Souaillard :

« Hélas ! je ne suis qu'un faux grand homme. On ne m'a pas demandé le serment et on ne m'a pas menacé de me priver de mon traitement. Une souscription allait s'ouvrir... La Providence a peut-être permis cette erreur pour apprendre à nos maîtres qu'ils ne gagneraient rien dans une persécution. »

Et pourtant les difficultés ne devaient pas tarder à se produire : expulsion des Jésuites, des Rédemptoristes et des Dames du Sacré-Cœur, fermeture des écoles des Frères, suppression de l'œuvre des Jeunes Ouvriers. En même temps, les autorités allemandes se livraient dans les écoles de la campagne à l'expérience, bientôt abandonnée, de la co-éducation des sexes.

Les professeurs du petit séminaire de Montigny n'ayant pas assez rapidement adapté le programme de leurs études aux méthodes nouvelles, cet établissement très prospère, dut, pendant quelques années, fermer ses portes comme celui de Zillisheim en Alsace. En même temps les élèves ecclésiastiques étaient soumis à l'obligation du service militaire. Interdiction fut faite également d'inviter des prédicateurs étrangers sans autorisation préalable des bureaux de la préfecture. Plutôt que de se soumettre à ces derniè-

res exigences, l'évêque renonça au con-
cours des religieux de France et créa une
maison de missionn aires diocésains.

Le 1er février 1874, les électeurs d'Alsace-Lorraine furent invités pour la première fois à envoyer 15 députés au Reichs-

tag. Ce que furent ces élections, vous le savez, mesdames et messieurs. Un vent de révolte souffla sur les provinces annexées. Les noms des 15 premiers protestataires sortirent des urnes avec des majorités formidables.

Ce sera et cela restera l'honneur du clergé alsacien-lorrain d'avoir fourni un si fort contingent d'hommes intelligents et décidés à cette phalange sacrée qui devait libérer la conscience d'un peuple. Il était périlleux alors d'accepter le mandat d'opposer le droit imprescriptible à la force brutale. Mgr. Dupont des Loges, que tout éloignait des luttes violentes, son tempérament comme sa situation, fut néanmoins des premiers à assumer cette lourde charge.

Un comité s'était formé à Metz pour choisir le candidat de la circonscription. Comme ses membres redoutaient des indiscrétions qui eussent paralysé leur action, ils se réunirent à Nancy. Un israélite, M Goudchaux, depuis sénateur de Seine-et-Oise, proposa de confier à l'évêque de Metz la mission de représenter ses concitoyens. Mgr. Dupont des Loges fut d'abord étonné qu'on eût pensé à lui ; mais on lui fit comprendre qu'il était de son devoir de ne pas abandonner les siens à cette heure solennelle et que son nom, en ralliant tous les suffrages, donnerait d'autant plus de force à l'expression de la volonté populaire. Il fit cependant ses conditions :

« Je veux bien, dit-il, porter à Berlin la protestation de mes compatriotes et de mes enfants ; mais, cet acte accompli, je ne m'occuperai plus de mon mandat et je ne prendrai plus aucune part au reste de la session. »

On ne lui en demandait d'ailleurs pas davantage. On vivait alors à l'époque héroïque, où l'Alsace-Lorraine, confinée dans sa douleur, ignorait, de propos délibéré, tout ce qui se passait dans l'empire germanique.

L'élection de l'évêque de Metz fut un triomphe. Il obtint 13.054 voix contre 2.346 suffrages que les immigrés avaient donnés au comte Haenckel de Donnesmark.

Le 11 février, Mgr. Dupont des Loges partit pour Berlin. Contrairement à l'usage établi en Allemagne, il portait la soutane violette, et quand le 18 il fit son entrée au Reichstag, en grand costume d'évêque français, cette nouveauté produisit une profonde sensation chez les membres de l'assemblée.

Je ne résisterai pas à la tentation de vous donner lecture des passages essentiels de la poignante déclaration dont les députés d'Alsace-Lorraine avaient, à l'exception d'un seul, arrêté les termes en commun, et que M. Teutsch fut chargé de

communiquer au parlement d'empire.
Après 40 ans, mes compatriotes n'ont pas
oublié que ces paroles, où pleurait la désolation d'un peuple violemment arraché
à la patrie tant aimée, fut hachée d'inter-
ruptions malsonnantes et de rires mo-
queurs :

*« Les populations d'Alsace-Lorraine,
dont nous sommes les représentants au
Reichstag, nous ont confié une mission
spéciale et des plus graves, que nous
avons à cœur de remplir sans retard.*

*« Votre dernière guerre, terminée à
l'avantage de votre nation, donnait in-
contestablement droit à celle-ci à une
réparation. Mais l'Allemagne a excédé
son droit de nation civilisée en contraignant la France vaincue au sacrifice
d'un million et demi de ses enfants.*

*« Au nom des Alsaciens-Lorrains,
vendus par le traité de Francfort, nous
protestons contre l'abus de la force dont
notre pays a été la victime.*

*« Si, dans des temps éloignés et rela-
tivement barbares, le droit de conquête
a pu quelquefois se transformer en
droit effectif, si aujourd'hui encore il
réussit à se faire absoudre, lorsqu'il
s'exerce sur des peuples ignorants et
sauvages, rien de pareil ne peut être
opposé à l'Alsace-Lorraine... En ad-
mettant, ce que nous ne reconnaissons
pas, que la France ait eu le droit de
nous céder, le contrat que vous nous
opposez n'a pas de valeur. Un contrat*

*ne vaut, en effet, que par le libre con-
sentement des deux contractants. Or
c'est l'épée sur la gorge que la France
saignante et épuisée a signé notre abandon. Elle n'a pas été libre, elle s'est
courbée sous la violence, et nos codes
nous enseignent que la violence est une
cause de nullité pour les conventions
qui en sont entachées*

*« Vous le voyez, Messieurs, nous ne
trouvons dans les enseignements de la
morale et de la justice, rien, absolument
rien, qui puisse faire pardonner notre
annexion à votre empire, et notre raison en cela s'accorde avec notre cœur.
Notre cœur en effet se sent irrésistible-
ment attiré vers notre patrie française.
Deux siècles de pensée et de vie en commun créent entre les membres d'une
même famille un lien sacré, qu'aucun
argument, et moins encore la violence,
ne saurait détruire. »*

Une pénible épreuve était réservée aux
députés des provinces annexées. L'évêque
de Metz en souffrit plus que ses collègues. En effet, l'évêque de Strasbourg,
Mgr Raess, que son éducation allemande
avait mal préparé aux devoirs d'un dépu
té alsacien de la première heure et qu'ef-
frayaient les conséquences qu'une trop violente protestation pourrait avoir pour les
intérêts de son diocèse, crut devoir, le
lendemain de cette séance solennelle,
monter à la tribune du Reichstag, pour y
faire la déclaration que voici :

« Messieurs, pour prévenir des commentaires fâcheux qui pourraient nous atteindre, moi et mes coreligionnaires, je me trouve en conscience obligé de déposer ici une simple déclaration : les Alsaciens-Lorrains de ma confession n'ont aucune intention de mettre en question le traité de Francfort, conclu entre deux grandes puissances. Voilà ce que je voulais déclarer dès le début. »

Quand Mgr Raess reprit sa place, ses collègues alsaciens-lorrains ne lui ménagèrent pas les marques de leur profond mécontentement. Il essaya du moins d'obtenir l'absolution de l'évêque de Metz :

— « M. Teutsch, lui dit-il, a parlé comme un élève de quatrième, je ne pouvais me taire après un pareil langage. »

— « C'est vous, hélas ! répondit avec hauteur Mgr Dupont des Loges, qui venez de prononcer des paroles qui auront dans tous les cœurs alsaciens le plus douloureux retentissement. »

Il avait raison, le vaillant prélat. Les Strasbourgeois le firent bien voir à leur évêque. Mais passons sur ce pénible incident, qui, à cette époque, fut le seul dont les annexés eurent à rougir.

Fidèle à sa parole, le député de Metz ne retourna plus à Berlin. A l'expiration de son mandat, il pria ses électeurs de reporter leurs suffrages sur le maire, M. Bezanson, un homme dont il appréciait hautement les sentiments dévoués et l'ardent patriotisme.

Plus tard, en 1884, les élections pour le Reichstag devaient lui occasionner cependant de graves soucis. Un prêtre de son diocèse, poussé par le parti allemand, posa sa candidature contre M. Antoine, député protestataire sortant. L'évêque, quoi qu'il en fût vivement sollicité, refusa d'intervenir dans la lutte et ce fut grâce à cette abstention voulue et dont chacun comprenait la signification, que M. Antoine obtint de nouveau une imposante majorité.

Les autorités allemandes savaient à quoi s'en tenir sur l'attachement de Mgr. Dupont des Loges à son ancienne patrie. Cela ne les empêchait pas d'entourer le vénérable prélat de leurs plus prévenantes attentions. L'empereur Guillaume Ier, lors de ses deux premiers voyages en Lorraine, distingua particulièrement l'évêque de Metz. Plus tard, des rapports, empreints d'une certaine intimité, s'établirent entre ce dernier et le Statthalter, maréchal de Manteuffel, qui non seulement ne manquait pas de s'entretenir longuement avec le prélat, toutes les fois qu'il se rendait à Metz, mais qui avait pris l'habitude de le consulter confidentiellement par lettre quand il avait à prendre une décision importante.

Dans ces conversations comme dans

cette correspondance, le maréchal s'appliquait à ménager les susceptibilités patriotiques de l'évêque : « *Chez vous*, Monseigneur », « *dans votre pays* », disait-il
lorsqu'il lui parlait de la France. Quand
parurent, en 1880, les décrets qui expul-
saient les congrégations du territoire de
la République, M. de Manteuffel écrivait
par exemple à Mgr. Dupont des Loges :
« J'ai tenu, Monseigneur, à vous expri-
mer la grande part que je prends à la
peine que doivent vous causer les événements qui se produisent dans votre
pays. »

L'évêque de Metz avait, d'ailleurs, cet
esprit fin et délicat qui arrache un sourire
même à ceux qui lui servent de cible.

En voici un exemple.

L'aventure m'a été contée par l'ancien ministre prussien de l'intérieur, M.
de Hammerstein, qui pendant plusieurs
années fut préfet de la Lorraine an-
nexée.

Il y avait dans les environs de Metz un
brave curé qui était la coqueluche de ses
paroissiens, mais qui faisait le désespoir
des locataires de chasses du voisinage. Il
braconnait avec passion, et les gardes, qui
étaient peut-être ses complices, n'arri-
vaient pas à le prendre en flagrant délit.

A plusieurs reprises, M. de Hammerstein avait demandé à l'évêque le changement du curé :

— « Je n'ai rien à reprocher à cet excellent prêtre, répondait obstinément le prélat. Et puis, voyez-vous, Monsieur le préfet, le droit canonique n'interdit au clergé que la chasse à grand fracas, *cum magno strepitu.* »

Or, quelques mois plus tard, le préfet, en parcourant les journaux du matin, vit que le succursaliste - braconnier venait d'être transféré dans une paroisse très éloignée du champ de ses exploits cynégétiques. Il endossa immédiatement sa plus belle redingote et se rendit à l'évêché.

— « Monseigneur, dit-il, dès qu'il eût été introduit, je viens remercier Votre Grandeur de ce qu'elle ait bien voulu céder enfin à mes sollicitations. »

— « Gardez-vous en bien, Monsieur le préfet, répondit Mgr. Dupont des Loges en souriant. Ce bon curé était venu lui - même me prier de lui donner une autre paroisse. Il n'y avait plus ni plume, ni poil dans la banlieue de son ancienne commune. Je l'ai donc envové dans une région plus giboyeuse. »

A plusieurs années de distance, M. de Hammerstein riait encore de bon cœur de cette spirituelle boutade.

Le maréchal de Manteuffel, lui, perdit son sourire, quand, en 1882, se produisit l'incident connu du refus d'une décoration par l'évêque de Metz.

Les Alsaciens-Lorrains sont restés Français par leur goût pour les décorations. On l'a bien vu, durant les derniers mois, quand plus de 5.000 anciens combattants firent de pressantes démarches pour obtenir la médaille de 1870.

Le gouvernement allemand essaya d'abord d'exploiter à son profit ce petit travers. Il imposa, pour commencer, l'Ordre de la Couronne et celui de l'Aigle rouge à ceux qui pouvaient difficilement les refuser, aux maires, aux conseillers généraux et d'arrondissements, aux députés du Landesausschuss. Il se montra extrêmement accueillant aux quelques ralliés qui sollicitaient la récompense de leurs faiblesses. Les refus discrets opposés à ses prodigalités ne le découragèrent pas.

Permettez-moi de vous rapporter à ce propos une anecdote qui est d'hier.

Dans une société close, on fêtait ces jours derniers un des vétérans de la guerre franco-allemande, dont la boutonnière venait de se fleurir du ruban noir et vert.

Au dessert, le décoré se leva.

— « Messieurs, dit-il, il était de coutume, jadis, lorsque l'un d'entre nous se voyait imposer l'Aigle rouge, de lui infliger une pénitence. Il payait le champagne pour expier cette distinction. Aujourd'hui, je le paye pour marquer ma joie et mon orgueil d'en avoir obtenu une autre, qui me rappelle tant et de si chers souvenirs. »

Mgr. Dupont des Loges était éloigné de toutes ces petites vanités. J'ai déjà rappelé qu'il n'avait pas voulu que le dévouement de ses prêtres fût payé d'une médaille.

Lorsqu'en 1871 le gouvernement de la République lui envoya à lui-même la croix de la Légion d'honneur « pour services rendus pendant le blocus de la place », il écrivit à son frère :

« Cette nouvelle croix, dans d'autres circonstances, aurait été pour moi un embarras et une vive contrariété. Aujourd'hui, il n'en est plus ainsi : la population tout entière en a ressenti beaucoup de joie : c'est un souvenir de la France, et elle m'est donnée sur la proposition du ministre de la guerre pour cause de dévouement à nos chers blessés. Il paraît, d'ailleurs, que je ne pourrai porter cette décoration qu'avec l'autorisation de l'empereur d'Allemagne, qu'assurément je ne solliciterai pas. »

Il tint parole. Jamais le ruban rouge ne mit sa tache de sang sur sa soutane violette.

Après la première visite de l'empereur Guillaume Ier, une pluie de décorations s'était abattue sur la ville de Metz. Comme on faisait remarquer à l'évêque que son nom figurerait sans doute parmi ceux des nouveaux décorés :

— « Non, s'écria-t-il, ce pas possible ;

mes sentiments sont trop connus pour que l'empereur me cause cette peine. Si cependant il n'y avait pas égard, je suis fermement disposé à refuser. J'écrirai sur-le-champ au souverain que je ne puis accepter une distinction de ce genre, alors que je porte le deuil de ma patrie perdue. de ma religion persécutée, et de ma cathédrale incendiée. »

La cathédrale de Metz avait, en effet, été fortement endommagée par un incendie qui avait été provoqué par les illuminations, le soir de l'arrivée de l'empereur Guillaume.

En 1882, le maréchal de Manteuffel essaya d'enlever le consentement du prélat par surprise. Le Statthalter avait, d'ailleurs, procédé avec une délicatesse extrême. Voici en quels termes il annonçait à Mgr. Dupont des Loges la nouvelle de son élévation au grade de commandeur de l'Ordre de la Couronne :

Monseigneur,

Je reconnais trop en Votre Grandeur un véritable prince de l'Eglise pour ne pas savoir que, comme tel, vous êtes au-dessus de tout ce qu'on pourrait nommer ambition mondaine et que les distinctions de ce monde ne vous touchent que peu. Mais, connaissant vos sentiments religieux, je sais aussi que Votre Grandeur sera touchée d'une preuve de l'intérêt que Sa Majesté l'Empereur porte aux âmes de ses sujets catholiques. C'est dans ce sens que j'ai l'honneur de vous envoyer les insignes de la décoration que Sa Majesté vient d'accorder à Votre Grandeur et d'y joindre l'ordonnance originale dans laquelle l'Empereur, — ce qui n'est pas l'usage chez nous, — daigne notifier sa décision.

Je prie Votre Grandeur d'agréer l'expression de ma plus haute et respectueuse considération.

E. MANTEUFFEL.

Strasbourg, le 12 décembre 1882.

Le même courrier apportait à l'évêque l'écrin, scellé aux armes du maréchal, qui renfermait la décoration. J'ajouterai de suite que l'écrin ne fut pas ouvert et qu'à la mort de l'évêque, quand un fonctionnaire vint en prendre livraison, on lui remit le paquet dans l'état même où il était arrivé. En effet en Allemagne les décorés reçoivent la croix et le ruban en même temps que le diplôme. Les croix sont numérotées et doivent être rendues après le décès du titulaire.

L'embarras de Mgr. Dupont des Loges fut extrème. En refusant la décoration, il risquait de provoquer des représailles, non seulement contre sa personne, ce qui lui fût resté indifférent, mais contre ses diocésains, ce qui devait le faire hésiter à provoquer un éclat. Et pourtant, après une courte hésitation et malgré les conseils de la prudence, il ne crut pas que lui, le représentant le plus autorisé, non seulement de la religion, mais aussi de la conscience nationale, pût recevoir du vainqueur une distinction, sans doute flatteuse, mais dont l'acceptation eût impliqué comme une reconnaissance du fait accompli.

Il écrivit donc au maréchal de Manteuffel l'admirable lettre que voici :

Metz, le 15 décembre 1882.

Monsieur le Maréchal,

J'ai reçu la lettre par laquelle Votre Excellence m'a fait l'honneur de m'informer que S. M. l'Empereur me confère un de ses ordres pour reconnaître le soin que j'ai pris de procurer aux catholiques allemands, résidant à Metz, de nouvelles facilités pour accomplir leurs devoirs religieux.

Je suis touché du haut intérêt que le souverain daigne prendre aux efforts que nous faisons, mon clergé et moi, au milieu de graves difficultés, pour venir en aide à un grand nombre d'âmes dent la direction spirituelle nous est confiée.

Cependant, Monsieur le Maréchal, la distinction que vous m'annoncez me surprend autant qu'elle me confond. Dans les mesures récentes que j'ai cru devoir adopter après de mûres et sérieuses réflexions, je n'ai eu d'autre mérite que celui de satisfaire à l'obligation que m'impose ma conscience d'évêque envers près de dix mille catholiques, que les circonstances ont amenés à Metz et qui ignorent plus ou moins complètement la langue française, la seule parlée par la population messine.

Votre Excellence me permettra d'ajouter l'expression d'un regret.

Pendant près de trente ans que j'ai eu l'honneur d'appartenir à l'épiscopat français, plus d'une fois le gouvernement me fit pressentir au sujet d'une semblable distinction, qu'il semblait désireux de me conférer, et chaque fois il voulut bien renoncer à son projet par égard pour ma résolution de me tenir à l'écart de toute préoccupation politique, et de me renfermer rigoureusement dans mes devoirs d'évêque. En cela, je croyais devoir donner à mon clergé un exemple salutaire.

Si vous m'aviez confié d'avance les intentions trop bienveillantes de l'Empereur à mon égard, je vous aurais prié, Monsieur le Maréchal, de plaider auprès de Sa Majesté la même cause que me rendaient doublement chère et la fidélité à mon passé et la religion des souvenirs.

Veuillez agréer, Monsieur le Maréchal, l'hommage de ma haute considération.

† PAUL, évêque de Metz.

M. de Manteuffel était homme à comprendre ces scrupules. Lui-même avait refusé en 1873 le titre de comte : « Il est bien vrai, disait-il quelques années plus tard, qu'on m'a sondé sur ce projet ; mais je n'ai pas fait mystère que je n'y consentirais pas. Je veux descendre dans la tombe avec le nom que j'ai reçu en venant au monde. Si j'étais né Manteuffel tout court, je mourrais de même. Je suis baron de Manteuffel et c'est ainsi que je veux mourir. »

Le maréchal avoua un peu ingénûment à l'évêque de Metz les motifs qui l'avaient décidé à le faire décorer.

« Je respecte, lui écrivait-il le 16 décembre 1882, la religion de vos souvenirs, et la fidélité avec laquelle vous y te-
nez est une des causes de l'estime profonde que j'éprouve pour Votre Grandeur. Si malgré cela j'ai proposé à l'Empereur de vous conférer une de ses décorations, je vous le confesse, Monseigneur,
confidentiellement, que j'ai en vue l'intérêt de mon Empereur et que j'ai mis cet
intérêt au-dessus des égards que j'aime
tant à avoir pour Votre Grandeur Elle-
même. Je tiens à la gloire de l'Empereur
dans l'histoire. Personne qui connaît
l'Alsace-Lorraine ne comprend les décorations conférées à Monseigneur l'Evêque de Strasbourg et au clergé d'Alsace,
les comparant au rien vis-à-vis de la
grande position que Votre Grandeur
prend dans les esprits et de la tenue tranquille et digne du clergé de la Lorraine.
Cela faisait tort dans l'opinion publique à
l'Empereur et j'en souffrais... J'ai fait à
l'Empereur un rapport dans lequel je Lui
ai dit, l'évêque de Metz a donné tel et tel
ordre. Ne croyez pas Sire que cela prouve un approchement à l'Allemagne,
l'Evêque est et restera Français dans le
fond de son âme, mais ce que je respecte
c'est que l'Evêque, au-dessus de tout ce
qui est sympathie ou antipathie politique,
ne pense qu'à sa conscience ayant le courage de froisser même l'opinion du jour

quand il s'agit de sauver les âmes des catholiques parlant allemand dans son diocèse. »

Cet échange de lettres fût resté secret
(car Mgr. Dupont des Loges était l'ennemi de toute réclame tapageuse), si le
journal officieux de Metz n'avait pas cru
devoir annoncer la distinction dont l'évê
que avait été l'objet.

Cette indiscrétion décida le prélat à
rendre également publique la réponse
qu'il avait adressée au Statthalter. Inutile
d'ajouter que l'incident eut un retentissement énorme des deux côtés de la frontière. Les Messins ne ménagèrent pas les
marques de leur admiration à leur pasteur, qui reçut également de France une
avalanche de lettres enthousiastes. Parmi
ces dernières se trouvait une carte por-
tant ces simples mots : « Léon Gambetta.
Merci au nom de la patrie française tout
entière. ».

M. de Manteuffel maintint son estime
et son amitié à Mgr. Dupont des Loges,
bien qu'à partir de ce moment il se mon-
trât vis-à-vis de lui un peu plus réservé ;
« Les rapports privés avec le maréchal
sont redevenus bienveillants, écrivait l'évêque en janvier 1884, ils sont seulement
plus rares, ce qui peut-être vaut mieux. »

Mgr. Dupont des Loges devait avoir
des imitateurs. Laissez-moi vous rappeler
à ce propos un souvenir personnel.

Il y a quelques années, M· le chanoine Winterer, le vaillant et si digne député alsacien, célébrait le 70e anniversaire de sa naissance.

Le secrétaire d'Etat, M. de Kœller, m'ayant rencontré dans les couloirs du Landesausschuss, me tint le langage suivant :

— « M. Winterer a toujours été notre adversaire ; mais c'était un adversaire convaincu et loyal que nous tenons en très haute estime. J'ai l'intention de lui faire conférer une importante distinction, l'ordre de la Couronne de 2e classe. Rendez-moi le service de lui demander s'il en éprouvera quelque plaisir. »

— « Excellence, répondis-je, il me semble bien que M. Winterer vous sera peu reconnaissant de cette attention. »

— « Essayez toujours. »

J'essayai. Le curé de Mulhouse, lorsque je lui fis part de l'offre du ministre, eut un sourire amusé.

— « Je n'ai pas, me fit-il remarquer, sauvegardé si longtemps mon indépendance pour me laisser mettre un collier au cou dans mes vieux jours, ce collier fût-il de soie ! »

Et comme à ce moment même M. de Kœller passait près de nous, M. Winterer lui posa la main sur le bras et appuyant sur chaque parole, il lui dit :

— « Excellence, M. Wetterlé vient

de me renseigner sur vos bienveillantes
intentions. Je vous en prie, n'en faites
rien, ne m'obligez pas à vous adresser une
lettre comme celle que Mgr. Dupont des
Loges envoya autrefois, dans des circonstances semblables, au maréchal de
Manteuffel. »

M. de Kœller ne se tint pas pour entièrement battu, et c'est grâce à son intervention que fut levée l'opposition que
son prédécesseur avait faite au Vatican
contre l'élévation de M. Winterer à la dignité de prélat romain. L'ancien secrétaire d'Etat, comme le maréchal, savait
respecter de légitimes pudeurs. Politique
sage et avisée, qui si elle avait trouvé
plus d'adeptes dans les sphères gouver-
nementales d'Alsace-Lorraine, aurait bien
plus sûrement contribué à la pacification
des esprits que la tyrannie administrative
dont nous avons si souvent été les victimes.

Nous sommes arrivés au terme de la
belle carrière de l'évêque de Metz. Ce qui
vous aura le plus frappé, Mesdames et
Messieurs, c'est la parfaite harmonie des
idées et des actes, comme aussi l'unité de
direction et la noble simplicité qui ont
toujours présidé aux gestes de l'illustre
prélat. Chez lui tout fut naturel et spon-
tané. Il découvrait le mot juste presque
sans le chercher, son tact merveilleux ne
connut aucune défaillance.

Français de cœur, il agissait en Français, sans rechercher le bruit et l'agitation, et si profond était son attachement à la patrie, que même le vainqueur respectait les susceptibilités de son patriotisme. Rien n'était plus éloigné de sa pensée qu'une opposition bruyante et stérile ; mais il exigeait que personne ne violât l'asile de sa conscience où jalousement il entretenait le culte du passé.

Voilà pourquoi Mgr. Dupont des Loges restera un incomparable modèle de vertu sacerdotale et de courage civique.

C'est le 18 août 1886 que la mort vint le frapper, debout à son poste, vaillant jusqu'à la dernière minute, Mgr. Dupont des Loges était âgé de 82 ans.

Ses funérailles furent triomphales. Tous les habitants de Metz défilèrent devant son cercueil. Des bourgades les plus lointaines on était accouru pour rendre un dernier hommage au prélat patriote. Chaque famille envoya un délégué à la touchante cérémonie.

Les autorités allemandes avaient elles-mêmes tenu à honneur de s'incliner devant la majesté de ce grand mort. On voyait à côté du catafalque le prince de Hohenlohe, gouverneur d'Alsace-Lorraine, le grand duc de Bade, M. Hoffmann, ministre d'Etat, le général de Heuduck.

Et c'est devant cette brillante assemblée qu'un Alsacien, Mgr, Korum, évêque de Trèves, prononça en termes éloquents l'éloge de celui qui jadis avait voulu se l'attacher comme coadjuteur et dont, mieux que tout autre, il avait apprécié les éminentes vertus.

De ce panégyrique je ne retiendrai que les quelques phrases, qui seront la conclusion de notre entretien de ce soir :

« Il fut, disait le prédicateur, il fut l'homme de l'honneur, lorsque les malheurs vinrent fondre sur son pays. Je puis bien le dire ici. Devant la mort on ne peut soupçonner les intentions. Si le Seigneur lui enleva sa patrie, ce lui fut une immense douleur, mais il resta fidèle à ses affections et indomptable dans son honneur. »

E. WETTERLÉ

IV

CONFÉRENCE

DU 22 JANVIER 1913

PAR

EMILE HINZELIN

Erckmann-Chatrian

ET

l'Alsace-Lorraine

M. EMILE HINZELIN

ERCKMANN-CHATRIAN

ET L'ALSACE-LORRAINE

Mesdames,
Messieurs,

Je paierai d'abord une dette de reconnaissance en remerciant du fond du cœur M. Florent-Matter, rédacteur en chef de notre vaillant journal *L'Alsacien-Lorrain de Paris*, qui me donne l'occasion de parler devant vous d'Erckmann-Chatrian ou, plus exactement, de l'Alsace-Lorraine dans les œuvres d'Erckmann-Chatrian.

Comment Erckmann-Chatrian a-t-il exécuté l'œuvre où l'Alsace-Lorraine tient tant de place? Quelle idée s'est-il faite de l'Alsace-Lorraine, de sa situation présente et de l'avenir qui lui est réservé ?

Voilà les points que je voudrais examiner avec vous.

C'est pour Erckmann et pour Chatrian que le mot « Alsacien-Lorrain » semble créé. Ils sont nés, l'un à Phalsbourg, l'autre près de Phalsbourg, c'est-à-dire dans cette région exquise qui forme pour ainsi dire une marche entre l'Alsace et la Lorraine.

Phalsbourg, où nous espérons bien ramener un jour les restes de notre vieil ami Emile Erckmann, confiés provisoirement au cimetière de Lunéville, c'est Phalsbourg, département de la Meurthe, France !

Par le lien de leur naissance, comme par leurs traditions et leurs aspirations, Erckmann et Chatrian représentent à la fois ces deux provinces, l'Alsace et la Lorraine, si distinctes l'une de l'autre jusqu'en 1871, et que la chaîne du vainqueur a si tragiquement réunies. On ne saurait trop recommander la lecture de leurs œuvres. A la plupart des questions qui se posent sur nos chères provinces, on peut dire : « Erckmann-Chatrian vous répondra ».

*
* *

Désormais, nous continuerons à faire d'Erckmann-Chatrian un singulier. Peu de collaborateurs furent plus intimement unis et formèrent une personnalité plus cordiale, jusqu'au moment où survint ce divorce d'amitié, aussi poignant qu'un divorce d'amour.

Est-il nécessaire d'ajouter que nous ne nous arrêterons pas à une telle rupture ? Nous avons pour devise : « Insister sur ce qui unit les Alsaciens-Lorrains, écarter ce qui les sépare. » Or, ce qui unit les Alsaciens-Lorrains, c'est l'adoration de la France, que l'on trouve à toutes les pages d'Erckmann-Chatrian.

ERCKMANN

Entre les deux collaborateurs vieillissants, la division résulta de ce que le souffle de la folie, précurseur du souffle de la mort, avait passé sur Chatrian. Depuis un certain temps, on s'étonnait de son agitation extrême. On remarquait que sa parole devenait rapide, saccadée, éclatante. Il était en proie au délire de la persécution, prodrome bien connu de la paralysie générale. Rien ne serait plus pénible que de rappeler les divagations d'un homme dont l'intelligence avait été si nette, si judicieuse et souvent si haute. Il ne devait pas avoir la suprême consolation de voir, en mourant, son ami pleurer près de son lit. Dans la plénitude de sa raison, il avait écrit à Erckmann : « Plaise à Dieu que nous partions ensemble ! Si l'on nous couchait côte à côte, comme deux amis de la vieille race, cela serait très bien ». Erckmann lui avait répondu : « Nos deux noms sont réunis. Il faut qu'au moins, dans cette carrière des lettres, on croie que deux hommes ont réellement été justes, qu'ils ont pu vivre en frères. C'est une illusion, mais les bonnes illusions valent mieux et font plus de bien que les tristes réalités. »

Un éloquent magistrat, M. Louis Sarrut, au procès qu'Erckmann gagna, souhaitait que la postérité réalisât le vœu des deux amis et que, sur leurs cercueils réunis dans un même tombeau, elle élevât une statue, une seule, maintenant au-dessus de leur tête la couronne également suspendue.

Quand la ville de Lunéville, qu'Erckmann habitait à la fin de son existence,
lui éleva un monument, quelques-uns des
meilleurs écrivains contemporains, Mau-
rice Barrès aussi bien que Lucien Desca-
ves, Courteline aussi bien que Huysmans,
nous exprimèrent toute leur admiration
pour lui.

Mais, les historiens plus ou moins offi-
ciels de la littérature, ceux dont les ma-
nuels sont mis aux mains des élèves dans
les écoles, les collèges et les lycées, comment jugent-ils Erckmann-Chatrian ?

Nous ouvrons une histoire de la littérature, gros volume de plus de mille pages.
Sur l'interminable table des matières,
nous cherchons son nom. Voici Ecker-
mann, Eginhard, Egmond (comtesse d').
Erckmann ne s'y trouve pas. Voilà En-
ghien (duc d'), Epernon (d'), Epinay (Mme
d'), Ericeyra (comte d'). Rien, pas une ligne, pas une mention, pas un mot d'Erckmann-Chatrian.

En 1892, quand le *Juif Polonais* fut
repris au Théâtre Français, quelques
amis d'Erckmann pensèrent qu'il serait
agréable, à celui qui aimait tant notre armée, d'avoir des soldats en armes à ses
funérailles. Ils demandèrent pour lui le
ruban de la Légion d'honneur. Le ministre de l'Instruction publique répondit que
*les titres d'Erckmann seraient exami-
nés avec bienveillance.*« Les titres d'Erc-

kmann ! » C'étaient ceux de ses chefs-d'œuvre : *Madame Thérèse, le Conscrit de 1813, Waterloo, l'Ami Fritz...* A l'heure où Erckmann mourut, ses titres n'étaient pas sans doute assez examinés. Aussi bien, ils ne le seront jamais assez.

En vérité, le peuple n'a nul besoin de ces prétendues consécrations. Erckmann-Chatrian est un des romanciers les plus véritablement populaires. Ses livres sont, après ceux de Victor Hugo et d'Alexandre Dumas, les plus demandés dans les bibliothèques publiques. Tout contribue présentement à les remettre à l'ordre du jour : jamais le régionalisme n'a été si fort à la mode et, surtout, jamais l'Alsace et la Lorraine n'ont tenu de si près au cœur de la France !

Dans la belle *Histoire d'Alsace* qu'il vient de publier (juillet 1912), notre savant compatriote, M. Rodolphe Reuss, écrit : « Je n'ose revendiquer pour l'Alsace l'œuvre si saine et si patriotique des deux Lorrains Erckmann et Chatrian, bien qu'on retrouve dans leurs Romans nationaux une bonne part des traits caractéristiques de son esprit. » Erkmann, répétons-le, est né à Phalsbourg en 1822 ; Chatrian à Soldatenthal, en 1824, tous deux dans l'arrondissement de Sarrebourg. L'annexion, en faisant subir à Sarrebourg le sort de l'Alsace, fit prendre ces deux Lorrains pour des Alsaciens.

Certes, aucun d'eux n'eut l'idée de décli-
ner ce titre qui, aujourd'hui, aux yeux de
tout Français, est un titre d'honneur.

— Comment, demandions-nous un jour
à Erckmann, aviez-vous connu Chatrian ?

— J'étais étudiant en droit à Paris Je
reçus de Phalsbourg une épitre en vers
où l'auteur se comparaît à un cerf traqué,
à bout de forces. Quand je revins à Phalsbourg, on me dit : « Ces vers doivent être
d'un sous-officier de la garnison, poète à
ses heures. » Mais, quand je les montrai
à M. Perrot, mon cher et admirable professeur de rhétorique, il s'écria : « Je reconnais l'écriture d'un de nos maîtres
d'étude. Voulez-vous le voir ? » Il me
conduisit à la petite chambre de Chatrian.
Je m'assis sur le lit. Chatrian prit place
sur mon unique chaise. Le lendemain,
nous nous tutoyions. J'avais vingt-un
ans. Chatrian, dix-neuf. Le père de Chatrian, directeur d'une verrerie, avait été
ruiné. Je possédais le bien de ma mère :
vingt-sept mille francs. J'envoyai Chatrian à Paris, et, pour les débuts, je lui
servis une petite pension : cent cinquante
francs par mois.

Dans l'association Erckmann-Chatrian,
— le procès a placé tous ces faits en
pleine lumière —, Chatrian semble avoir
été surtout l'homme d'action et l'homme
d'affaires, celui qui fréquente les bureaux
de rédaction, visite les directeurs de jour-

naux et de revues, présente les pièces
dans les théâtres, assiste aux répétitions,
encourage ou apaise les acteurs, choisit
un praticien pour mettre les pièces au
point, recueille et place l'argent gagné.
Ce sont là des services d'une incontestable valeur. Que d'écrivains, surtout à
leurs débuts, voudraient avoir un Chatrian ! Chatrian rendait à Erckmann d'autres services encore. Il était pour lui un
excitateur. Comme beaucoup de grands
laborieux, Erckmann avait une tendance
à ne travailler que pour sa satisfaction
personnelle. Chatrian lui rappelait sans
cesse la nécessité de travailler pour le
public. Erckmann aurait volontiers écrit
des contes très courts, mais très pleins,
trop pleins peut-être. Plus volontiers, il
se serait contenté de coucher sur le papier, sur son grand papier, de sa fine
écriture à la fois laide et charmante comme certaines femmes, ce qu'un écrivain
appelle des « notes pour moi seul ». Chatrian le poussait, par tous les moyens, à
écrire des chefs-d'œuvre pour tout le
monde. « Il faudrait à ton manuscrit au
moins trente pages de plus. » « Le dialo-
gue manque, surtout au commence-
ment. » « C'est un roman que tu dois
écrire, et non pas un conte. Le public se
lasse vite des contes. Dès qu'il commence
à s'intéresser aux personnages et à l'action, brusquement les personnages dispa-

raissent, l'action se clôt. Si un nouveau conte suit, c'est pour lui un nouvel effort. Au troisième, il s'essouffle. Au quatrième, il n'en peut plus. »

Bon conseiller quand il s'agissait de créer, Chatrian était encore meilleur conseiller quand il s'agissait de supprimer. Les ciseaux que Chatrian introduisait dans les manuscrits d'Erckmann ont été, pour tel volume que tous deux signaient, un instrument de salut et de gloire.

Grâce aux confidences d'Erckmann, nous savons que, de Chatrian seul, sont les dernières pages de l'*Histoire d'un Sous-Maître*. Ce dénouement, à proprement parler, constitue moins un chapitre de roman qu'un article de polémique anticléricale. Ajoutons qu'on y remarque de flagrantes contradictions avec le reste de l'œuvre. Le sous-maître d'Erckmann n'est dispensé du service militaire que parce qu'il a contracté un engagement décennal dans l'instruction publique. Chatrian lui fait rompre cet engagement pour l'associer à un apothicaire, oubliant que, par le fait, ce n'est pas à l'officine, mais à la caserne, que l'ex sous-maître doit se rendre sur l'heure.

Erckmann a publié seul un recueil de contes : *Alsaciens et Vosgiens d'autrefois,* et un recueil de fables en vers. En lisant ces derniers livres, signés d'un nom qui semble inconnu : « Emile Erck-

mann », plus d'un d'entre nous, non sans
rendre hommage aux constantes qualités
d'invention et d'observation, imaginera
les retouches que Chatrian aurait con-
seillées !

*
* *

Poëte d'une petite ville et d'un petit
coin de terre, Erckmann-Chatrian en note
tous les aspects, toutes les nuances, tous
les bruits. Il connaît le nom de tous les
habitants. Avec tous, il est sur un pied
d'égalité absolue. Jamais homme ne fut
plus humain. La conversation d'un ancien
soldat ou d'un ancien maître d'école, d'un
joueur de clarinette ou d'un vieux forgeron, l'intéresse passionnément. Dans cette
conversation, il donne libre cours à sa
verve toujours saillante et d'une bonho-
mie si savoureuse.

Paysages, logis, coutumes, costumes,
tout se dessine en lui avec une minutieuse
exactitude. La rue, la brasserie, l'école,
la ferme qui s'éveille, la forêt qui s'en-
dort, n'ont pas un trait qui ne lui de-
vienne aussitôt familier. Chez Erckmann-
Chatrian, nous sommes chez nous. Nous
voici ses hôtes, ses amis, ses convives, —
surtout ses convives. Faut-il insister sur
ce dernier point? On mange chez Erckmann-Chatrian ; on y mange de très bon
appétit et surtout de très bon cœur. Il a

composé à la fois l'épopée et l'idylle de la
nourriture. Quantité de ses pages sont
souverainement « apéritives ». Mais si
les choses de la table lui sont chères à ce
point, n'est-ce pas premièrement parce
que la table c'est l'endroit où l'amitié
communie le mieux ?

Quand vous lisez les livres d'Erckmann-
Chatrian, la vie des humbles qu'il vous
fait aimer se mêle à votre vie. Vous re-
cueillez comme des mémoires de famille
les souvenirs d'un paysan pendant la Révolution, d'un simple soldat sous le Premier Empire ; d'un sabotier pendant l'invasion ; d'un marchand juif pendant le
blocus de Phalsbourg ; d'un sous-maître
de village sous la Restauration ; d'un ou-
vrier menuisier à la fin du règne de Louis-
Philippe ; d'un maire lorrain pendant la
guerre de 1870 ; d'un garde-forestier
après l'annexion. Voilà toute l'histoire
d'un siècle, racontée par ceux qui n'ont
pas d'histoire ?

Dans quelle langue ces souvenirs sont-
ils écrits ? Erckmann-Chatrian n'emploie
guère que deux cents mots. Un étranger
qui apprendrait un mot par jour pourrait,
en moins d'un an, lire un chef-d'œuvre
français. Ces mots, Erckmann-Chatrian
les prend parmi les plus usuels, en plein
courant du parler commun. Et ces mots,
par une sorte de magie, se font, sous sa
plume, exacts, pittoresques, tout neufs.

D'un homme saisi d'horreur ou cruellement éprouvé, il nous dit : « Il devint tout pâle ». D'un homme heureux et tranquille : « Et il riait » D'un homme transporté d'allégresse : « Il pétillait de joie ». D'un homme en proie à la colère : « Il serrait ses mâchoires ». D'un homme qui vous hait, qui vous trahit, qui vous dénonce, il vous dit : « Le gueux ! » Le gueux, rien de plus ! Le gueux, voilà l'ennemi. Il vous parle du feu qui « bourdonne », puis qui « galope » dans le poêle ; des sapins « pressés comme l'herbe » ; des « goujons bien frits, tout étincelants de graisse » ; du morceau de lard « tremblotant » sur un plat de choux ; de la petite église dont le clocher « s'effile » au sommet du coteau ; de la « terre sombre qui court » sous les chevaux de la diligence ; du matin qui fait « grisonner » les vitres ; de la cerise qui, mangée sur l'arbre, « a toute sa force et toute sa vie » ; d'un vieux médecin qui tâte le pouls d'un malade « comme un vieux chien en arrêt sur une caille ». Il y a là un art très secret et très puissant, auquel les plus artistes et les simples sont également sensibles. Dans Erckmann-Chatrian, comme dans La Fontaine, le sublime du style est devenu si familier qu'on ne le distingue plus. Allez donc le faire comprendre aux gens d'Outre-Rhin !

— Il en est du style dans un livre

comme du geste au théâtre. Vous voyez certains acteurs se livrer à une mimique si gauche et si disgracieuse que vous en emportez une désagréable impression. Au contraire, d'autres acteurs ont des attitudes tellement expressives, tellement sculpturales, que vous êtes tenté de les saluer au passage.

Mais, en vérité, il y a des acteurs encore plus habiles, dont le geste et l'attitude sont si parfaitement appropriés à l'action dramatique que, en sortant du théâtre, vous ne sauriez dire s'ils ont fait un pas ou remué la main. De même, tel écrivain a un style si négligé ou si difficile que vous êtes arrêté à chaque instant par une obscurité ou une impropriété d'expression. Tel autre, au contraire, déploie tant de virtuosité dans ses tours de phrase et tant de splendeur dans ses images que vous êtes tenté de crier : Bravo. Mais le style le plus accompli est celui qui s'ajuste si bien à la pensée qu'on ne l'aperçoit pas. L'esprit et le cœur de l'écrivain semblent s'être fait entendre de vous sans intermédiaire. C'est la perfection même.

Ainsi nous parlait Emile Erckmann. Si vous pouviez entendre la voix même du vieux maître, vous seriez ravi de cette comparaison, laquelle est la raison même.

Pour donner à son œuvre cette parfaite simplicité, cette clarté absolue, Erckmann travaillait avec un acharnement vraiment héroïque. Nous avons vu, par exemple, les nombreuses ébauches — dix-sept au moins — d'où est sortie la phrase des cigognes dans *l'ami Fritz* : « Tout en haut de l'église, une cigogne, debout sur son échasse, ses ailes noires repliées au-dessus de sa queue blanche, le grand bec roux incliné d'un air mélancolique, faisait l'admiration de la ville. » Quant à ces lignes par lesquelles se termine un autre roman : « Tout finit par des cheveux blancs et par les derniers adieux de ceux qu'on aime », ces trois petites lignes ont, à elles seules, usé huit pages. Nous avons sous les yeux les huit pages de grand papier vergé, un peu jauni par le temps où, d'une écriture toujours régulière et nette, Erckmann a tracé vingt-cinq variantes de ces lignes, avant d'arriver à la forme dépouillée qu'il voulait.

L'Ami Fritz n'a d'égal dans notre littérature que la *Mare au Diable* de George Sand. Cette idylle, personne ne l'ignore, c'est l'aventure d'un célibataire riche, égoïste et déjà sur l'âge, qui s'éprend de la toute jeune fille de son fermier. Après avoir longtemps hésité, lutté, souffert Fritz Kobus s'abandonne, les yeux fermés, à l'amour plus fort que l'intérêt, la vanité et l'égoïsme, parce qu'il est, en somme, de l'égoïsme à deux.

Quand Erckmann revenait à l'*Ami Fritz*, sa voix s'altérait légèrement.

— Savez vous ce qui m'a donné l'idée de mon héroïne, la petite Suzel ?

Nous ne répondions pas, par déférence pour les souvenirs lointains, à jamais enfermés dans une âme de vieux célibataire impénitent. Il reprit :

— L'idée de Suzel m'a été donnée par le tableau de Greuze, *L'Accordée*, qui est au Louvre. La douceur, la grâce timide, la beauté frémissante de la jeune fille que le peintre a placée en face de son fiancé, sous les yeux de ses parents, voilà ce que j'ai essayé de traduire par la plume.

Oui, mais l'idée de l'*Ami Fritz* ? Ce qu'Erckmann ne disait pas, c'était la raison qui lui avait fait choisir le tableau de Greuze. Lui aussi, il avait été épris d'une jeune fille, d'une véritable enfant : la fille de son fermier. Un jour, M. Geisler, le grand industriel des Chatelles, près de Raon-l'Etape, entendit reprocher à l'*Ami Fritz* un défaut de vraisemblance. Un Fritz Kobus, disait-on, n'a jamais existé.

— Quelle erreur ! s'écria M. Geisler. J'ai connu maint ami Fritz en Lorraine et en Alsace. J'en ai connu un à Raon-l'Etape, un autre à Dabo, un autre à Saar-Union. D'ailleurs. je demanderai à Erckmann lui-même de quel modèle il s'est inspiré.

Interrogé le lendemain, Erckmann répondit :

— Si l'Ami Fritz a réellement existé ? Je le crois bien ! L'ami Fritz, c'est moi.

L'Ami Fritz est donc un roman vécu, comme tous ceux qui méritent qu'on les lise et qui, transportés à la scène, méritent qu'on les applaudisse.

L'Ami Fritz est une des œuvres les plus universellement connues d'Erckmann-Chatrian, parce qu'il a été mis à la scène et interprété au Théâtre français de la façon la plus émouvante. Dans le détail de cette adaptation, apparaît clairement la différence profonde entre le théâtre et le roman. Voici d'abord le roman. Après le discours du rebbe David sur le devoir de se marier et d'avoir beaucoup d'enfants, le bohémien Joseph laisse percer son émotion et murmure : « Il a raison, le vieux rebbe ». — « Hé, bien ! lui dit-on, pourquoi ne t'es-tu pas marié, toi, Joseph ? » Il répond : « Oh ! moi, je suis un pauvre joueur de violon, errant sur les grands chemins. Si je me mariais, les petits mourraient une nuit d'hiver, au revers d'un talus. » Voilà maintenant le théâtre. Le rebbe prononce le même discours, le bohémien Joseph montre le même trouble, on lui pose la même question : « Pourquoi ne t'es-tu pas marié ? » Sur la scène, que répond-il ? « — Moi ! mais je suis marié. Malheureusement, ma femme n'aimait pas le violon. Elle est partie avec le trombone. » Cette bouffonnerie est nécessaire au théâtre. Quand le public a envie de pleurer, il faut le faire rire. Le rire est une flamme brève qui sèche délicieusement une larme.

*
* *

Après avoir publié le *Bourgmestre en Bouteille*, l'*Illustre Docteur Mathéus*, les *Confidences d'un joueur de clarinette, etc*, Erckmann-Chatrian était assez maître de son art pour aborder l'histoire de l'époque incomparable qui va de la Révolution à nos jours.

A cette série de romans nationaux : *Histoire d'un paysan* pendant la Révolution ; *Madame Thérèse*, histoire de la guerre pendant la Première République ; *Le Conscrit de 1813, le Fou Yégof, Waterloo*, histoire de la guerre sous le Premier Empire, *etc.*, il donne, comme à toutes ses œuvres, son pays natal pour décor naturel.

Mais, par un sentiment de pudeur que connaissent bien ceux qui adorent leur petite patrie, il n'écrit jamais le nom exact des chers endroits où il situe l'action. C'est un sentiment pareil à celui qui empêche de nommer la femme qu'on aime. Les noms des villes ou des villages où il a passé les moments heureux de son en-

fance, il les transforme parfois jusqu'à les
rendre méconnaissables.

La Petite-Pierre et Phalsbourg, confondus en une seule cité exquise, deviennent Hunebourg ; Sarrebourg devient
Saarstadt ; Saverne, Bergsabern. Saarstadt et Hunebourg n'existent nulle part,
mais Bergsabern existe réellement, dans
le Palatinat. Avant 1870, il n'y avait pas
de raison pour qu'Erckmann prit garde à
cette réalité. Après l'annexion, certains
détracteurs insinuèrent qu'il faisait l'éloge
de la terre et de la race allemandes. Il
regretta vivement de n'avoir pas appelé
Phalsbourg : Phalsbourg ; la Petite-Pierre :
la Petite-Pierre ; et surtout Saverne : Saverne. Faut-il ajouter que, depuis 1870,
il ne cessa pas d'éclairer les lecteurs sur
son pays de prédilection, et les romans
qu'il écrivit dès lors sont, en matière
géographique comme en matière historique, d'une précision parfaite.

L'histoire d'un paysan est une peinture de la vie rustique, avant et pendant
la Révolution. Le héros, Michel Bastien,
le bon forgeron, s'éprend de la fille du
colporteur Chauvel, qui sera élu député à
la Constituante.

Admirable chasteté de l'amour, chez
Erckmann-Chatrian ! Comment Michel
fait-il connaître le fond de son cœur à
Marguerite ? La jeune fille venait de défendre avec courage un pauvre diable in-

justement accusé par un agent de la gabelle. L'agent, furieux, la menaça. Tout à coup Michel se plaça près d'elle. Quand elle fut seule avec lui, elle lui dit :

— Tu n'avais pas l'air bon, Michel, tout à l'heure ? A quoi songeais-tu donc ?

— S'il t'avait touchée, c'était un homme mort.

Là-dessus, Michel s'éloigna, ivre de joie, dans la nuit pleine d'étoiles, en se disant : « Et maintenant, Michel, elle sait que tu l'aimes ! »

Comment Marguerite avoue-t-elle à Michel qu'elle partage son amour ? Lorsqu'elle se prépare à rejoindre son père à Paris, elle lui dit tout bas : « Travaille bien, mon père t'aimera ». « Mon père t'aimera ». N'est-ce pas la forme la plus pure, la plus fière et la plus haute, du plus loyal aveu ?

Tous les romans d'Erckmann contiennent un amour, mais discret et voilé. On le devine plutôt qu'on ne le voit. C'est une généreuse émotion, une noble rêverie, une allégresse sublime qui révèle sa présence, à son insu.

Ainsi, dans certains paysages exquis, coule un ruisseau si bien caché sous les joncs et la menthe sauvage qu'on ne voit même pas le luisant furtif de son eau. Mais on le connaît pourtant à la vivifiante fraîcheur qu'il répand et à la verdure splendide qu'il nourrit.

Madame Thérèse, c'est l'histoire d'un
enfant en 1792. Un matin d'hiver, le petit
Fritzel, élevé par son oncle le docteur
Wagner, le bon docteur « aux lèvres tendres », voit la maison pleine de soldats
français. Un combat s'engage dans le village même. Le bataillon français résiste
d'abord superbement à une terrible charge
de cavalerie. Mais bientôt, ayant sur les
bras toute une armée, il se replie. Parmi
les morts, il laisse la cantinière, Madame
Thérèse, que Fritzel a tant observée la
veille, parce qu'elle avait près d'elle un
petit tambour, Jean, qui est du même âge
que lui. Madame Thérèse n'est pas morte.
Le D'' Wagner l'arrache aux mains des
fossoyeurs impatients. Il la soigne. Il la
sauve. Peu à peu, il admire le clair esprit
et le cœur magnifique de cette Française.
En une de ses visites dans un village loin-
tain, où il rencontre des officiers français, il apprend d'elle des traits héroïques :

— Est-ce vrai, oui ou non, ce qu'on m'a
conté, Madame Thérèse ? Un soir que
l'armée hésitait, vous avez pris le drapeau et, seule avec votre frère qui battait
la charge, vous êtes allée droit à l'ennemi. L'armée vous suivit, et ce fut la
victoire.

A ces mots, Madame Thérèse se mit à
pleurer.

— Excusez-moi, Docteur. Que vous dirai-je ? Mon père venait d'être tué. Le petit Jean et moi, nous voulions aussi mourir.

— Madame Thérèse, s'écrie le Docteur, vous n'êtes pas seulement la femme qui relève le drapeau d'entre les morts. Vous êtes la femme qui pleure au souvenir de son père. Si mon père et ma mère peuvent vous voir ici, ils sont heureux que vous me fassiez l'honneur de demeurer sous leur toit.

On devine que bientôt le petit Fritzel aura une mère dans Madame Thérèse et un frère dans le petit Jean. Le Docteur prend du service comme chirurgien dans l'armée française.

L'histoire de Mme Thérèse, fille d'un maître d'école devenu commandant, a été, elle aussi, transportée à la scène. Mais de quelle façon mélodramatique ! Mme Thérèse n'a qu'à prendre le drapeau pour mettre l'ennemi en fuite. C'est moins du théâtre que du cirque. A la première représentation, quand on vint dire le nom de l'auteur, un des plus fervents admirateurs d'Erckmann-Chatrian s'écria : « Tant pis ! »

Dans les premiers jours de son entrée en campagne, le petit soldat boîteux, Joseph Bertha, le *Conscrit de 1813*, arrive à Mayence. Son billet de logement l'envoie chez un boulanger. Il est tellement brisé de fatigue et ses pieds en sang le font tant souffrir qu'il ne peut rien manger. En vain, le boulanger et sa femme lui offrent du vin, du pain, et même un gâteau qui rappelle la kiche de Lorraine! Tout à coup, il sent qu'une main légère, sous la table, délace ses chaussures et baigne d'eau tiède sa chair meurtrie. C'est la femme du boulanger qui lui donne ces soins maternels.

— Madame, je vous en prie, murmure-t-il.

— Laissez, répond-elle, nous avons un fils à l'armée.

Comment ne pas rappeler ici que Paul Déroulède a décrit, dans *Le Bon Gîte*, une scène analogue : « J'ai mon gars soldat comme toi ». Le grand poète des Chants du Soldat se rencontra, dans les termes même, avec le grand prosateur des vieux de la vieille. Nous sommes heureux de réunir ici deux noms et de rappeler qu'Erckmann admirait Déroulède.

Erckmann-Chatrian raconte les grandes batailles en se plaçant au point de vue du simple petit soldat pour qui, au milieu de ce formidable tumulte quelques menus faits paraissent toute l'affaire.

A la bataille de Leipzig, Joseph Bertha, enfoncé jusqu'à mi-corps dans un marais, va être sabré par la cavalerie prussienne. Tout à coup, un soldat inconnu lui tend le bout de son fusil et le sauve.

— Tu m'as sauvé, camarade. Comment t'appelles-tu ?

— Je m'appelle Jean-Pierre Vincent.

« Je ne l'ai jamais revu », ajoute Joseph Bertha. Voilà la vie même.

Après la défaite, *l'Invasion*. Le roman qui a pour titre *L'Invasion* ou le *Fou Yégof*, nous montre un groupe de paysans vosgiens s'efforçant de fermer les passages de la montagne au flot des envahisseurs. Ces hardis partisans ont pour chef le sabotier Hulin, père adoptif de la charmante Louise, aux longues mains blanches, Louise est fiancée à Gaspard Lefèvre, le fils de la vaillante fermière Catherine, qui a équipé à ses frais les partisans. Yégof, un fou dont on ignore l'origine, et qui traverse le pays en tout sens, une couronne de fer blanc sur la tête, un sceptre de bois à la main, demande Louise en mariage. Irrité par le refus pourtant plein de pitié que Hulin est obligé de formuler, le fou se fait le guide des ennemis et met à leur service sa connaissance des moindres sentiers.

Les montagnards, bloqués au sommet du Falkenstein, endurent toutes les tortures de la faim et du désespoir. Ils vont mourir un à un. Soudain, la vieille Catherine se dresse comme dans un cauchemar, soulève une énorme pierre et la laisse glisser sur la pente abrupte. Ce quartier de roc, rebondissant de terrasse en terrasse, écrase au fond de la vallée toute une rangée d'assiégeants. Tous les assiégés sont debout. Chacun d'eux fait rouler une pierre. L'ennemi recule. On dirait la revanche de Roncevaux.

Waterloo! Les débuts de la Restauration ont été charmants comme une lune de miel. Tout refleurissait en France. C'était enfin la paix. Mais ce fut bientôt la délation, la vengeance et la tyrannie sous toutes les formes. Napoléon, en revenant de l'île d'Elbe, sembla ramener la liberté Quel enthousiasme quand le drapeau tricolore est rendu aux troupes! Ecoutez Erckmann-Chatrian :

— « Je vous raconte ces choses simplement, parce qu'elles étaient simples et terribles. On voyait, à la pâleur du commandant, qu'il avait la fièvre, et pourtant il faisait presque nuit. Les lignes grises du carré sur la place de Phalsbourg, le commandant à cheval au milieu, les officiers autour, sous la pluie, les bourgeois écoutant, le grand silence, les fenêtres qui s'ouvrent aux environs, tout est encore présent à mon esprit. « Portez armes, armes bas ! » cria le capitaine Vidal. Après le bruit des armes, on n'entendit plus que la voix du commandant, cette voix claire que j'avais entendue de l'autre côté du Rhin, à Lutzen et à Leipzig, celle qui nous criait : « Serrez les rangs ». Elle me traversait jusqu'à la moelle des os.

« Soldats, dit-il, l'Empereur Napoléon a fait son entrée à Paris ». Une sorte de frémissement s'étendit partout. Mais cela ne dura qu'une seconde. Le commandant poursuivit : « Soldats, le drapeau de la France, c'est le drapeau d'Arcole, de Rivoli, de Marengo, d'Austerlitz, d'Iéna, d'Eylau, de Friedland, d'Eckmülh, d'Essling, de Wagram, de Lutzen, de Brienne, de Champaubert, de Montmirail. C'est ce drapeau que nous avons teint de notre sang ». Le vieux sergent avait sorti le drapeau tricolore tout déchiré de son étui. Le commandant le prit : « Ce drapeau, le voilà. Vous le reconnaissez. C'est celui de la Nation. C'est celui que les Prussiens, les Autrichiens, les Russes, tous ceux que nous avons épargnés cent fois, le jour de leur première victoire, parce qu'ils en avaient peur ». Un grand nombre de soldats, en entendant ces paroles détournaient la tête pour cacher leurs larmes. D'autres, tout pâles, regardaient avec des yeux terribles ».

Cette page n'est-elle pas singulièrement belle ? Dans les *Mémoires d'Outre-Tombe*, de Châteaubriant, il y a, sur la Garde passée en revue par Louis XVIII, une page ardente, colorée, raffinée, théâtrale, c'est-à-dire d'une beauté très différente, mais non pas supérieure.

Quand il arrive à la guerre de 1870,

Erckmann-Chatrian atteint parfois le sublime d'Eschyle et de Sophocle.

L'image du bonheur complet lui apparaissait dans quelque petite maison forestière, dominant un vaste et délicieux horizon. Aussi, combien était heureuse, selon lui, la vie du *Brigadier Frédéric!* Frédéric a le plus beau « triage », les prés les meilleurs, la maison la mieux située, la fille la plus jolie et la plus sage du pays. Sa fille, Marie-Rose, est fiancée au garde Jean Merlin, brave garçon qui est son successeur tout désigné. L'avenir lui semble aussi doux et aussi sûr que le présent. Jean Merlin sera pour lui un gendre respectueux, comme il l'est lui-même pour la vieille grand'mère qui a toujours la première place à son foyer et le premier verre de vin à sa table. Rien ne saurait l'inquiéter, pas même la présence, en Alsace et dans toute la France, de tant d'Allemands venus comme colporteurs, comme bûcherons, comme garçons boulangers, comme garçons de ferme, comme ouvriers de toutes sortes.

Comme un coup de tonnerre dans un ciel pur, retentit le canon de Wissembourg. Voici brusquement la défaite, l'invasion, l'occupation. Sur des voitures grossières, traînées par de maigres haridelles, on voit arriver des familles sordidement vêtues : le père fume sa grande pipe de faïence ; autour de lui grouille

une nichée d'enfants malpropres. C'est un
percepteur, c'est un juge de paix, c'est un
instituteur, c'est un inspecteur des forêts,
ce sont les fonctionnaires futurs qui, en
cet équipage, viennent d'Outre-Rhin pour
s'établir dans cette terre promise d'Alsace.

L'inspecteur des forêts allemand convo-
que ses subordonnés et leur demande de
prêter serment à l'empereur Guillaume Ier.
Tous refusent, excepté Hepp, pauvre diable accablé de dettes et ayant six enfants
à nourrir.

Jean Merlin, approuvé par sa fiancée
Marie-Rose, va rejoindre l'armée de la
Loire, formée par Gambetta. Le brigadier,
contraint de quitter sa chère maison, est
allé se loger, avec Marie-Rose et la vieille
grand'mère, dans l'auberge d'un village
voisin.

Les Allemands, qui l'accusent d'avoir
favorisé le départ de Jean Merlin, font
tomber sur lui les plus lourdes réquisitions. Sa fille est maltraitée par des soldats qui enlèvent ses deux belles vaches,
dernier reste de sa modeste aisance. Le
lendemain, il reçoit l'ordre de quitter le
territoire occupé. Ne croyez pas, Mesdames et Messieurs, qu'il y ait, en de tels
récits, la moindre exagération ; Erckmann-
Chatrian raconte les choses comme elles
se sont passées. J'en appelle au souvenir
de nos chers compatriotes ici présents,.

qui ont vécu ces heures de deuil sans nom.

L'exilé part, au point du jour, son paquet sur l'épaule. En traversant la forêt, sa chère forêt, il rencontre un garde en uniforme allemand. C'est Hepp, le renégat. Hepp aborde l'exilé :

— Où allez-vous de si bon matin, brigadier Frédéric ?

— Où Dieu voudra.

En apprenant que le vieux brigadier est chassé de son pays, Hepp pâlit :

— Vous chasser ainsi, vous, un homme si honnête et si bon !

Hepp voudrait bien que le brigadier Frédéric lui donnât la main. Timidement, il avance un peu la sienne. Le brigadier Frédéric devine ce désir désespéré. Mais c'est chose impossible. Il répond avec beaucoup de douceur :

— Hélas ! à chacun son fardeau.

L'exilé s'est retiré à Saint-Dié. La grand'mère étant morte de chagrin, Marie-Rose vient l'y rejoindre. Combien elle est changée ! Elle tousse toute la nuit. Le médecin, inquiet, demande si elle n'a pas été victime de quelque accident. Cependant, à force de soins, elle semble revenir à la santé. Mais, un jour, Frédéric la trouve étendue sur le plancher, une lettre à la main. Jean Merlin a été tué, et la nouvelle de cette mort a achevé sa fiancée. En même temps, Frédéric apprend que ce qui a ruiné la santé de Marie-Rose,

c'est un coup de crosse qu'un soldat allemand lui a donné entre les épaules, au
moment des réquisitions.

. C'en est trop. Seul, dans sa chambre
d'auberge, le malheureux maudit l'existence, maudit la terre et le ciel. On pré-
vient son chef, M. d'Amance, le garde
général français, qui s'est retiré à Saint-
Dié, lui aussi.

M. d'Amance ne cherche pas à consoler
Frédéric. Il se contente de dire, en se pro-
menant de long en large dans la salle :

— Un honnête homme ne s'abandonne
jamais à la douleur. Il ne procure pas à
l'ennemi la satisfaction de le voir accablé.
Il se tient droit jusqu'à la fin. Le devoir
et l'honneur marchent devant lui.

Paroles salutaires ! Le Brigadier Frédéric vivra par devoir. Nommé surveil-
lant à la gare de l'Est de Paris, il trouvera
une consolation dans les services rendus
à des compatriotes exilés comme lui.

Ce roman a pour suite *Le Banni*. L'ancien brigadier Frédéric, devenu aveugle,
veut retourner au pays. Il est à Saint-Dié.
Un de ses amis, le bon charbonnier Starck,
va l'y chercher. L'aveugle et son compa-
gner se mettent en route.

Chaque pas qu'il fait, chaque moindre
souffle d'air qu'il respire, évoquent mille
souvenirs dans l'âme de l'aveugle.

— Le soleil se lève, n'est-ce pas ? Tu
vois briller la pointe du clocher de Sainte-

Marguerite. Comme nos forêts sentent bon ! Quel noble et charmante terre !

Les deux hommes passent la frontière nouvelle, la frontière saignante. Ils font halte dans une auberge du pays annexé. Là, des Allemands en pleine beuverie entonnent force couplets en l'honneur de la grande Allemagne, de l'Allemagne *über alles*.

Le vieil aveugle, en proie à la fièvre, répond en fredonnant une vieille chanson sur les pandours qui promènent partout le pillage et l'oppression. « Les pandours sont à Haguenau ».

Les deux hommes ont repris leur marche. Ils parviennent au ruisseau qui baigne la maison forestière où Frédéric espérait bien mourir. L'aveugle plonge ses mains dans l'eau.

— C'est toi, beau ruisseau ! Tu as reflété le visage de Marie-Anne, ses cheveux bruns, ses yeux bleus. .

Tout à coup, un chien bondit vers lui. C'est son vieux Ragot qui le reconnait et qui, par des gemissements sans nombre, lui exprime ses pensées aussi clairement que par des mots : « Enfin, te voilà ! T'ai-je attendu assez longtemps ! » O mon Maître. Mais tout est bien, puisque tu es de retour. Nous ne nous quitterons plus. Qui de vous Mesdames et Messieurs, oserait affirmer que les chiens ne parlent pas ainsi ?

L'ancien brigadier est logé chez de braves gens qui l'aiment, et, avec sa pension de retraite qui lui est payée de France, il peut compter sur une vieillesse sinon heureuse, du moins tranquille. Mais bientôt, il devient suspect à l'autorité allemande.

Son ami Starck est dénoncé, on l'accuse d'avoir chanté une chanson offensante pour l'Allemagne et pour l'empereur allemand. Il va être condamné. Frédéric apprend ce nouveau malheur qu'on lui cachait. Il revêt en secret son uniforme de brigadier forestier français et, résolu à prendre sur lui toute la faute, il demande à une petite fille de le conduire à la ville où l'on juge son ami.

Quand il passe devant la maison forestière, il entend de la musique et des chants joyeux. L'enfant, à qui il demande quelle est cette fête, répond :

— C'est le brigadier forestier allemand qui marie sa fille. Voilà le marié et la mariée.

L'aveugle, qui songe sans cesse à Jean Merlin et à Marie-Rose, est atteint au cœur. On le rapporte sur une civière. Son visage grave et rêveur reflète la paix de la mort.

L'innocence du charbonnier Starck est reconnue. Au premier jour de liberté, il court au cimetière de Saint-Dié en revient avec un rosier blanc qu'il plante sur la tombe de Frédéric. Penché vers la terre, il dit tout bas :

— Brigadier Frédéric, c'est Marie-Rose qui te l'envoie.

Ces deux romans, que nous résumons d'après leur texte publié et d'après quelques notes inédites qui nous ont été communiquées par Erckmann, ont des parties comparables aux plus purs chefs-d'œuvre de l'antiquité. Tout à l'heure, vous vous rappeliez Œdipe à Colonne ; le héros aveugle et proscrit, conduit par sa fille Antigone, et, arrivant près d'Athènes, écoutant le chant du rossignol dans le feuillage du lierre, de la vigne ou de l'olivier, le long du Céphise aux rives fleuries de narcisse et de safran.

*
* *

Entre Phalsbourg et Lutzelbourg, on rencontre des massifs de rochers rouges, ondulés, gaufrés, crènelés, ciselés. « L'œuvre du hasard », dira-t-on. Disons : son chef-d'œuvre. Au bas, dans l'herbe, gisent des blocs détachés. On dirait les autels d'un culte disparu. L'un d'eux est comme le menhir de la liberté. Si l'on en croit Erckmann-Chatrian, c'est du haut de ce bloc que, pendant la Révolution, le député Chauvel a harangué les volontaires qui marchaient à l'ennemi. L'un de ces blocs,

le plus fruste, a été transporté au cimetière de Lunéville, sur la tombe d'Erckmann. Un médaillon y est incrusté, qui
représente le profil fier et doux du vieux
romancier, sa moustache et sa barbiche,
son regard fin derrière ses grosses lunettes, son beau front chauve. Pourquoi
n'a-t-on pas inscrit, au dessous, l'épitaphe
qu'il s'était composée lui-même : « Ci-gît
le vieux conteur » ? C'était le résumé de
sa vie.

Dans une des dernières visites que nous
fîmes à Émile Erckmann, nous sentions,
plus poignante que jamais, la tendresse
qu'il avait vouée à son pays natal. Il nous
serra la main d'une étreinte vaillante.

— Les mains sont bonnes, dit-il, elles
vont toujours ; ce sont les jambes qui refusent leur service.

Puis il ajouta, pensif :

— Vous venez d'Alsace, sans doute ?

— Oui.

— Vous avez vu Phalsbourg. La ville
a bien changé.

— Oui.

Le vieux maître ferma les yeux. Après
un moment de silence, il s'écria :

— En fermant les yeux, je crois toujours revoir le pays, le pays tel qu'il était
au bon temps. Le regard intérieur a une
promptitude sans pareille. Il revoit l'ensemble des choses, tout d'un coup. Pourtant, il ne faudrait pas trop en scruter le

détail. Toute vision est fugitive. Si, de nouveau, on essaye de l'évoquer, on ne peut plus la retrouver que fragment par fragment. Pris de la plus obsédante nostalgie, il avait cédé à l'attraction de la terre maternelle et revu les endroits où les plus belles parties de son œuvre restent liées, comme autant d'ex-voto.

Pendant qu'il nous racontait ce pèlerinage, sa figure s'illuminait. Son grand front devenait rose. Son profil droit reprenait la fermeté souriante des plus jolis printemps. Il ressemblait de plus en plus à l'un de ses héros.

— En quittant Lunéville, j'allai droit à notre maison de Phalsbourg et je crus y revoir mon père. Je crus même l'entendre rire, Il unissait à une dignité patriarcale, des élans d'irrésistible gaieté. Je regardais la place où, pour la dernière fois, il m'avait raconté certaine aventure qui tendrait à révéler en lui l'inventeur de la greffe humaine. Comme il travaillait dans son atelier de relieur avec un apprenti et qu'il lui racontait quelque anecdote plaisante, peut-être du genre de celle-ci, l'apprenti, secoué d'un rire fou, fit un geste trop brusque de sa main armée d'un long couteau et se trancha le bout du nez. D'un geste plus brusque encore, mon père, passant sur le visage saignant, le pinceau plein de colle, remit en place le bout du nez coupé. Le bout du

nez reprit. Je le vois toujours. Ce fut le
bout du nez le plus solide du monde. Là-
dessus, Erckmann riait aux éclats. Mais
ce n'était pas le rire seul qui amenait des
larmes dans ses yeux.

En quelques minutes, on a fait le tour
de Phalsbourg. Hé quoi ! c'est là toute la
ville ? Phalsbourg nous semblait une cité
si peuplée, si turbulente, si vaste, vue à
travers les romans d'Erckmann ! Mais
voici qu'au seul nom d'Erckmann, tous les
Phalsbourgeois du romancier nous rejoi-
gnent en chemin. Nous saluons l'horlo-
ger Goulden, l'homme bon, honnête et
clairvoyant par excellence, figure exquise
entre toutes, à la fois héroïque et pla-
cide, paterne et paternelle, qu'Erckmann
a dessinée avec une tendresse vraiment filiale. Le père Goulden répond à
notre salut en soulevant son bonnet de
soie noire sur son crâne dénudé. Nous en-
trons dans la brasserie où se réunissaient
les officiers en demi-solde, silhouettes
maigres et tragiques. Nous rencontrons
la borne qu'effleurait la roue de la malle-
poste apportant les dépêches de Paris,
aux jours ardents des guerres ou des ré-
volutions. Nous cherchons l'angle des glacis qu'encombraient les voitures de blessés, le matin d'hiver où Hullin le sabotier
vint aux renseignements ; les meurtriè-
res des remparts où, pendant le blocus,
les vétérans braquaient leurs longs fusils

sur les uhlans qui galopaient dans la neige. Au coin de la place s'élève une église neuve d'un médiocre gothique. Où est la vieille tour du haut de laquelle Joseph Bertha, en remontant l'horloge, vit de toutes parts s'avancer vers Phalsbourg la foule des mères que le bruit d'un désastre en Russie attirait, éperdues, vers la ville ?

Tous les êtres créés par le romancier sont près de nous. Mieux encore ! ils sont en nous, ils sont nous-mêmes. Nous avons été tour à tour l'*Ami Fritz* savourant les cerises et les beignets de Suzel et nous avons entendu la chaste créature, soulevée sur la pointe de ses petits pieds, nous dire : « Ah ! Monsieur Kobus, vous n'aviez donc pas deviné que je vous aime ! » Nous avons été Joseph Bertha et nous avons fait — hélas ! nous avons reçu aussi — le coup de feu à Lutzen. Nous avons mangé le pain dur et amer de la défaite, au milieu du désordre panique de Waterloo. Nous avons suivi la lisière des forêts lorraines, dans la verte fraîcheur des hêtres et des ébènes, parmi les belles tiges de la reine-des-prés, pour rapporter à la maison forestière notre carnier rempli de rouges-gorges, de mésanges et de grives. Nous avons croisé l'*Illustre docteur Mathéus* et son jovial disciple Coucou Peter, en remarquant que, sur le chemin, leur ombre représentait un Sancho Pança et un Don Quichotte : chef-d'œuvre doublement précieux puisque, sans que sa substance doive rien à l'étranger, un autre chef-d'œuvre s'y reflète, et quel autre ! Nous nous sommes assis, tantôt à la grave *taverne du Jambon de Mayence*, tantôt au milieu d'un famélique campement de Zingari, autour d'un feu qui chauffait les flancs d'une marmite où commençait à chanter l'énigme du repas. Mais surtout, réunissant nos forces pour un suprême élan, nous avons fait rouler du sommet du Falkenstein les terribles quartiers de roche broyant des rangs entiers d'envahisseurs, nous qui, jadis, sur notre front d'enfant, avions eu le baiser maternel et républicain de Madame Thérèse.

Dans son suprême pèlerinage, après avoir suivi lentement les rues de Phalsbourg, Erckmann parcourut les environs de la ville demeurés intacts, et le cher village du Graufthal, bâti au fond de la vallée, dans les anfractuosités du grès rose hautes de soixante-dix mètres et couronnées de grands arbres. Il se dirigea ensuite vers Saverne, le long de la Zorn frémissante et pure qui rappelait au vieillard les baignades de l'enfant. A Saverne, il fit halte sur la place du Marché où se dresse, mince et carré, un obélisque de pierre marquant la distance de Saverne à toutes les villes du monde. Il s'arrêta à l'endroit où le petit Jean-Pierre Clavel, de l'*Histoire d'un Homme du peuple*, bataillait sous l'œil de la bonne et brave mère Balais, marchande de fruits et veuve du capitaine Balais, mort au champ d'honneur.

Ayant poussé jusqu'à Strasbourg, il ne voulut rien voir de ce qui s'y est construit depuis 1871. C'était son Strasbourg français qu'il visitait pour la dernière fois. Sa plus vive sympathie demeurait fidèle aux vieilles rues qui, étroites et tortueuses, glissent entre des maisons à étages saillants, se touchant presque par le sommet. Une foule de femmes et d'enfants grouillaient aux fenêtres. Il constata que les enfants parlaient alsacien. Il causa avec eux dans cette langue. Il n'avait jamais bien su l'allemand et il se félicitait de cette ignorance. Avec une docte ironie, il aimait à soutenir et que ce sont les gens de Berlin qui s'expriment en un médiocre patois et que le dialecte alsacien, c'est la véritable langue classique. A Strasbourg, il retrouva la brasserie où le docteur Mathéus, persécuté pour avoir voulu enseigner aux hommes la vérité, s'était réfugié, regardant, par le petit carreau de la fenêtre, son disciple faire la quête. Hélas ! Mathéus a pu, du moins, revenir au pays natal et s'y fixer pour y mourir.

Avant de rentrer à Lunéville, le vieux maître fit une nouvelle halte près de

Phalsbourg, puis s'enfonça dans la campagne. Il nous a raconté quelle heure de
rêverie et d'adoration il avait passé là.
Le soir tombait. Son existence entière se
représentait à sa mémoire, avec tous les
êtres qu'il avait aimés. Alors, par trois
fois, il cria de toutes ses forces : « Adieu !
adieu, les choses ! Adieu, les êtres !
Adieu, la vie ! »

De retour dans sa maison, il demanda,
jusqu'au dernier soupir, la consolation et
le réconfort à son bon génie qu'il n'avait
jamais invoqué en vain : le travail.

Il proclamait volontiers qu'il n'y a pas
un Alsacien, pas un Lorrain digne de ce
nom qui n'ait son bon génie, c'est à-dire
un idéal. Sans rien négliger de la lutte
pour la vie, lutte quelquefois si pénible et
si âpre, tous ceux de chez nous se choi-
sissent quelque but élevé auquel ils con-
sacrent le meilleur d'eux-mêmes. Voilà le
clou d'or.

C'est à quelque clou d'or, très haut comme une
         [étoile,
Qu'il convient d'attacher son âme. Choisissez.
Ils sont, ces clous que rien n'ébranle ni ne voile,
Si nombreux que les cieux en semblent tapissés.

C'est le devoir, la loi, le progrès dans le monde,
C'est la patrie auguste et son noble tourment,
C'est la bonté : voyez cette étoile si blonde !
C'est l'art : voyez plus bas ce subtil diamant !

Vous pouvez choisir même un idéal moins vaste,
Ambition loyale ou labeur limité,
Tendresse patiente, amitié longue et chaste,
Mais attachez votre âme au clou d'éternité !

Ah ! si l'âme flottait et traînait sur la terre,
On la verrait bientôt, déchirée en tous sens,
Se perdre, sans pudeur, sans force, sans mystère,
Comme un haillon fougueux sous les pieds des
                    [passants.

Attachez au clou d'or, et pour jamais, votre âme.
Elle dominera la terre à son insu.
Le vent de l'éternel passera dans sa trame
Dont rien n'altérera le souple et blanc tissu.

Avec quel plaisir nous sonnions à la grille de la petite maison, rue de l'Est, aujourd'hui rue Erckmann, à Lunéville, au bout de la rue de l'Alsace, sur la route même qui conduit vers Strasbourg. Petite maison régulière précédée d'un jardinet, logis de savant, de sage ou de poète ! La salle à manger avait pour toute décoration le portrait de Jules Ferry et un buffet où luisaient des cristaux.

Il convient peut-être de rappeler que, pour un invité, le déjeuner se faisait délicat, composé de viandes très tendres, à la saveur très naturelle, « ce qui, disait Erckmann, est la vertu même de la cuisine ». Quand il ne mangeait pas seul, le vieux maître était de bon appétit, comme de bonne humeur. Le menu de la *Taverne du Jambon de Mayence* ne lui aurait pas fait peur, ni la cave de l'*Ami Fritz*, sèche et bien garnie, où la prévoyance des générations antérieures avait réuni tant de vins d'élite. Le vin de Champagne ne lui agréait plus, mais, dans sa coupe, pour qu'elle ne restât pas oisive, il versait du vin vieux de Bordeaux, lequel y donnait l'illusion d'un énorme chaton de topaze brûlée.

Sa causerie était le vrai régal et la fleur du repas. Il suffisait de prononcer un mot' et, tout de suite, comme si ce mot eût fait jouer un ressort, souvenirs, anecdotes, aperçus ingénieux, se déroulaient. Le spectacle pouvait durer des heures, sans que la voix franche, relevée d'un harmonieux accent phalsbourgeois, se fatiguât une minute. Les lunettes étaient placées sur la table. Les yeux avaient tout l'éclat de la jeunesse.

Devant ses yeux passait et repassait la vision de la guerre de 1870 : Phalsbourg ruinée, son Alsace perdue ! Il nous racontait l'Année Terrible, son départ pour Paris, les démarches tentées pour le salut de la France, les projets conçus et avortés. Vingt-sept ans après, il en parlait aussi exactement que des choses survenues dans la matinée. Il voulait connaître les moindres détails de nos voyages en Alsace, et chacun d'eux lui arrachait un cri d'espérance. Avec une foi inébranlable, il répétait les beaux vers de sa chanson : *Dis-moi quel est ton pays.*

> Quoi que l'on dise ou quoi qu'on fasse,
> On changera plutôt le cœur de place
> Que de changer la vieille Alsace.

Il disait vrai. Quarante-deux ans après l'annexion, le cœur de l'Alsace demeure à la France.

En janvier 1913, l'armée française compte avec orgueil cent soixante-et-onze généraux nés en Alsace et en Lorraine, dont cinquante-deux divisionnaires. Chaque fois qu'il y a, pour la France, un combat à livrer, un danger à braver, une épreuve à subir, Alsaciens et Lorrains accourent. Chaque fois, des noms nouveaux s'ajoutent au Livre d'Or des Alsaciens-Lorrains. C'est le capitaine Ihler, de Thann, mort au Maroc. C'est le capitaine Braun, de Colmar, mort au Tchad. C'est le capitaine Fiegenschuh, de Strasbourg, mort dans l'Ouadaï. C'est l'enseigne Pierre Engel, mort dans le *Pluviôse*. Nous avons assisté, à Belfort, aux grandioses funérailles de Pierre Engel. L'Alsace entière y était représentée. Derrière le cercueil, le père et la mère marchaient, les premiers, images sacrées de la souffrance et du sacrifice. Aux funérailles de tout Alsa-

cien-Lorrain mort pour la France, à côté
des parents et des amis qui accompagnent
le corps, nous croyons voir les grandes
ombres des héros de Lorraine et d'Alsace.
Voici Lefèvre, de Rouffach ; Rapp et
Bruat, de Colmar ; Kellermann et Kléber,
de Strasbourg ; Mouton, de Phalsbourg ;
Eblé, de Saint-Jean-des-Choux ; Molitor,
d'Hayange ; Custine, Richepanse, Bou-
chotte, Lassalle, de Metz ; Ney, de Sarre-
louis. Ainsi, les funérailles des patriciens
romains étaient suivies par les bustes des
ancêtres, attestant que leur digne héritier
les rejoignait dans la gloire.

— Deux traités, nous disait enfin Erckmann, sont la honte du xixe siècle, l'un
dicté, l'autre inspiré par Bismarck : le
traité de Francfort, qui a livré à l'Allemagne deux millions de Français, comme
on livre des têtes de bétail ; le traité de
Berlin, qui a remis cinq cent mille chrétiens sous le sabre et le bâton des musulmans.

Depuis quelques jours, le traité de Berlin est déchiré. A l'autre, maintenant !

Emile HINZELIN.

V

CONFÉRENCE

DU 5 FÉVRIER 1913

PAR

ANDRÉ LICHTENBERGER

Le Pasteur Oberlin

ET

l'Alsace d'il y a Cent ans

M. André Lichtenberger

LE PASTEUR OBERLIN

ET L'ALSACE D'IL Y A CENT ANS

Jean-Frédéric Oberlin naquit à Strasbourg le 31 août 1740. Il appartenait à une famille de la bonne bourgeoisie et fut le second de neuf enfants. Son père était professeur au collège. Sa mère « avait reçu une éducation à la française, c'est-à-dire la meilleure et la plus soignée. » Durant les soirées, tandis que les enfants dessinaient ou découpaient des soldats de carton, leurs parents leur lisaient les poètes français et allemands. « Je suis Germain et Français tout ensemble », écrira plus tard Oberlin. Il prononcera ses sermons, écrira son Journal intime et ses Annales dans l'une et l'autre langue. La double culture était considérée comme une nécessité de la bonne éducation dans cette Alsace destinée à servir de trait d'union entre deux grandes civilisations. On était fier d'être Français. On gardait une tendresse respectueuse pour « la bonne et noble Allemagne, doux pays de

mœurs calmes, de la vie contemplative,
de la pensée sereine et profonde. » C'était
il y a très longtemps...

Oberlin reçut une instruction étendue,
une éducation mi-chrétienne, mi-stoï-
cienne. Les enfants du professeur étaient
élevés à la dure. Ils recevaient pour leurs
plaisirs 2 pfennigs, c'est à-dire 3 centi-
mes par semaine, et faisaient des écono-
mies. Ayant la mémoire difficile, l'enfant
cachait des bûches de bois dans son matelas pour s'éveiller de bonne heure le matin et avoir le temps d'apprendre ses leçons. Il avait l'intelligence sérieuse et
solide et tenait de son père beaucoup de
vivacité, il était, nous dit-on, « tout sal-
pêtre ».

En manière de récréation, le professeur faisait faire à ses enfants l'exercice
militaire et battait lui-même le tambour.
Le futur pasteur faillit être soldat. « Mon
goût, écrit-il, me portait aux armes et à
l'art de la guerre. Si je n'ai pas embrassé
ce métier, c'est qu'on ne combattait pas
alors contre la tyrannie ».

Il fit ses études de théologie, et sa vocation se fixa définitivement à l'âge de
vingt ans. Il rédigea un acte solennel,
qu'il renouvela plus tard, et par lequel
il se vouait expressément au service de
Dieu et de Jésus. Cet acte, écrit en allemand et soigneusement calligraphié, nous
a été conservé.

Pour n'être point à la charge des siens, il exerça quelques mois la profession de précepteur chez un chirurgien de Strasbourg, et profita de ce temps pour étudier la médecine. Mais il était mieux fait pour agir et pour commander que pour obéir. Lui-même s'accuse à cette époque d'impatience et d'emportement. Il se préparait à devenir aumônier militaire, quand il fut appelé, en 1767, au Ban de la Roche, où il devait passer le reste de sa vie.

*
* *

Qu'était-ce que le Ban de la Roche ? Un canton montagneux de six lieues de circonférence, faisant partie des contreforts du Champ-du-Feu. Le climat en était rude, variant, selon un contemporain, de celui de Genève, dans la partie la plus abritée, à celui de Stockholm, de Varsovie et de Pétersbourg. Une grande partie du sol était rocheuse, dénudée ou couverte seulement de genêts et d'un gazon court. Plus bas se rencontraient de belles forêts, des prairies, des champs assez fertiles, avec quelques arbres fruitiers. La population, très clairsemée, parlait un patois lorrain. Le canton se divisait en deux paroisses : l'une, celle de Rothau, de caractère industriel ; l'autre, agricole, — appelée Waldbach ou de Waldersbach — fut celle d'Oberlin. Elle comprenait cinq villages et deux hameaux.

Le pays avait gaiement accepté, au 16e siècle, la confession d'Augsbourg. Papellier, l'ancien curé devenu pasteur, ôtait volontiers sa veste et son habit pour danser avec ses paroissiens. La guerre de trente ans y avait causé d'épouvantables ravages. « Cette triste période, dit Oberlin, bannit les lumières temporelles et spirituelles, et changea ce pays en désert. On redevint barbare, idiot, ignorant et malappris. Il n'y eut presque plus de métiers, plus de maîtres d'école, plus de véritables pasteurs, et souvent plus de ministres du tout. » Un siècle après cette période funeste, la population de la paroisse comptait à peine 40 familles. Il n'y en avait guère plus de 80 en 1760. Et, contrairement à ce qui était en général le cas dans le reste de l'Alsace, la misère demeurait extrême.

Oberlin lui-même nous en conte quelques traits typiques. Une famille bourgeoise de dix enfants n'arrivant à posséder que huit paires de sabots, tour à tour deux des garçons marchaient pieds nus. Recevant une petite pièce de monnaie du pasteur, une femme, d'apparence aisée, s'écriait avec émotion : « Ah ! voilà de quoi acheter du pain pendant une semaine entière ! » Une autre, faisant à Oberlin les honneurs de son jardin, désignait une plante en disant : « Voici mon maître, monsieur le pasteur. — Votre maître? — Oui, j'ai déjà goûté de toutes, elles me servent de nourriture, mais, quant à celle-là, elle est mon maître, je ne saurais l'avaler. »

Au milieu du 18ᵉ siècle, le vaillant pasteur de Waldersbach, M. Stuber, avait entrepris le relèvement matériel et moral de ses ouailles. Mais sa santé était médiocre. Le climat meurtrier lui enleva sa femme. Il dut se chercher un successeur. On lui parla d'Oberlin. Le jeune homme le reçut dans la petite chambre où, tout en travaillant, afin que la chaleur de la lampe ne fût pas perdue, il faisait, grâce à un petit appareil de son invention, chauffer, au-dessus du verre, sa soupe de croûtons de pain à l'eau.

Cette simplicité et ce sens pratique frappèrent M. Stuber. Ce jeune stoïcien était digne de mener à bien l'œuvre qu'il rêvait.

*
* *

Entré en fonctions en 1767, Oberlin demeura toute sa vie au Ban de la Roche. Il s'y maria l'année qui suivit son installation.

Mlle Witter, sa parente, fille de pasteur elle-même, était venue passer auprès de lui quelques semaines. Il y avait entre

les deux cousins peu de sympathie appa-
rente. Entre eux, les discussions étaient
fréquentes et animées. Deux jours avant
le jour fixé pour le départ de la jeune
fille, « une voix, conte le biographe, se
fait entendre dans le cœur d'Oberlin :
« Prends ta cousine pour épouse », lui dit
cette voix. « Impossible », s'écria Oberlin ; mais la voix intérieure ne cessa de se
faire entendre. Elle devint toujours plus
impérieuse. Alors Oberlin comprit que
c'était la volonté de Dieu qui s'annonçait
à lui ; il rechercha la main de sa cousine,
qui la lui accorda en lui avouant qu'elle
l'aimait sincèrement. » Leur mariage eut
lieu le 6 juillet 1768.

Madame Oberlin fut pour son mari
une compagne et une collaboratrice
infatigable. Elle fut, sous sa direction,
la première créatrice de ces écoles enfantines, de ces « poêles à tricoter »
qui furent, après elle, développés par
Louise Scheppler, la fidèle servante
du pasteur.

Madame Oberlin donna à son mari
neuf enfants dont voici les prénoms : Em-
manuel-Frédéric ; Frédéric-Jérémie ;
Frédérique-Salomé ; Fidélité-Caroline ;
Charles-Conservé ; Henri-Gottfried ; Hen-
riette-Charité ; Louise-Charité ; Frédéri-
que-Bienvenue. Elle mourut subitement
le 18 janvier 1783, deux mois après ses
dernières couches.

*_**

En quoi consiste l'œuvre accomplie par Oberlin au Ban de la Roche? Voici comment la caractérisait François de Neufchâteau dans son rapport : « Voulez-vous connaître un modèle de ce qu'on pourrait faire dans toutes les campagnes pour le bien de l'agriculture et celui de l'humanité? Permettez que je vous transporte sur l'un des sommets les plus âpres des montagnes des Vosges. Amis de la charrue, amis du bien public, venez voir le Ban de la Roche. »

La religion d'Oberlin,— son œuvre scolaire, — son activité organisatrice : voilà les trois traits essentiels de son apostolat.

* *

La Religion d'abord.

La foi d'Oberlin était à la fois absolue, littérale, mystique, infiniment large, personnelle et familière.

Pour lui, la religion était la base nécessaire, non seulement de toute vie morale, mais de la vie politique et sociale elle-même. « Nouveau Moïse, nouveau Numa, il a toujours su faire intervenir la religion en faveur de ses améliorations. »

Il appartenait à la confession d'Augsbourg, mais s'intitulait plus volontiers

luthérien que « catholique évangélique ».
Car, disait-il, nous n'adorons pas Luther,
et il aimait mieux, pour désigner sa foi,
une qualification rappelant l'ancienne
unité chrétienne, plutôt qu'empruntée à
des divisions de secte.

Il comprenait dans le même respect la
Bible tout entière, s'efforçant d'observer les préceptes de l'Ancien Testament
presque aussi scrupuleusement que ceux
de l'Evangile. Par exemple il s'astrei-
gnait, selon la loi mosaïque à payer la
dîme — largement comptée — de son re-
venu, et à s'abstenir de mets composés du
sang des animaux. Ce n'étaient pas seulement des maximes générales, mais des
règles de vie quotidienne qu'il demandait
aux livres saints. Lorsqu'ils étaient muets,
et que sa conscience hésitait, il s'en remet-
tait volontiers au sort comme à une manifestation plausible de la volonté divine.

Ami de Lavater, contemporain de Mes-
mer et de Swedenborg, il croyait à la vie
des esprits et était imprégné d'un mysticisme intense. « L'âme céleste d'Oberlin,
écrit un contemporain, aimait à se rap-
procher de ce monde mystérieux qui nous
attend au-delà du tombeau ». Il sentait
auprès de l'homme non seulement la présence incessante de Dieu, mais celle des
morts qui nous sont chers et continuent
de vivre avec nous. La perte de sa femme
le frappa cruellement. « Ma prière, note-

t-il, semblait être de plomb et ne voulait pas monter au ciel. » Mais « Dieu, qui m'avait frappé de ce coup terrible, me traita ensuite avec la plus grande bonté, comme un malade en délire que l'on tâche de rappeler peu à peu à la raison ». Il permit qu'Oberlin continuât à revoir sa femme dans des songes où elle lui parlait pour le blâmer ou l'encourager : « Ces rêves étaient pour lui tellement intuitifs que, lorsqu'on lui demandait comment il les distinguait des rêves ordinaires, sa réponse fut : « Comment distinguez-vous les couleurs les unes des autres ? » L'épouse d'Oberlin fut pour lui ce que le génie de Socrate avait été pour le sage de la Grèce. » Sa foi mystique était contagieuse. Après la mort du fils du pasteur, Louise Scheppler, la fidèle servante, écrivait : « Il est heureux, nous en avons des nouvelles ».

Mais l'intelligence d'Oberlin était trop bien équilibrée pour qu'il ne sentit pas les dangers du mysticisme et ne détournât pas ses frères de les rechercher. Avant tout, la religion qu'il prêchait devait être accueillante pour tous et se traduire en actes. « Philanthropes religieux, put s'écrier son biographe, à quelque croyance, à quelque secte que vous apparteniez, si vous adorez Dieu en esprit et en vérité, approchez, contemplez la vie d'Oberlin. » « Il y a plusieurs demeures dans la maison de mon père » ; « *homo sum et nihil humanum e me alieno puto* » : la tolérance de l'Evangile et celle du philosophe antique se reflétaient pareillement dans l'âme d'Oberlin.

Un jour qu'il s'était laissé aller à parler avec amertume de Rousseau et de Voltaire à cause de leurs critiques contre les religions établies, on lui fit remarquer que le premier avait réhabitué les mères à allaiter leurs enfants, et que l'autre avait défendu le ciel et les opprimés : « De suite son front se dérida et il fit entendre ce mot qu'il prononce avec tant de grâce : « Ah ! les chers hommes ! » Si littérale que fut son orthodoxie, il ne pouvait admettre le dogme de l'éternité des peines infernales : « Si Dieu pouvait damner éternellement une de ces créatures, il deviendrait diable. » Et sa foi était aussi fidèle, aussi familière, aussi discrète que sincère. « Le fond du caractère de mes chers Ban de la Rochois est français et demande par conséquent à être traité avec une sorte de noblesse et de générosité à laquelle ils sont très sensibles. » Qu'il parlât à Waldbach ou à Foudey, en allemand ou en français, ses sermons étaient pratiques, familiers, appropriés à l'esprit des auditeurs. Il s'arrêtait pour leur demander s'ils n'étaient point fatigués et voulait qu'ensuite ils se récréassent. « Il n'y a personne qui ait tant

le droit à la gaieté que les enfants de
Dieu. »

A cette tendresse paternelle qui éma-
nait de lui, les cœurs ne résistaient
point : « papa Oberlin », ce fut le surnom
universellement répandu du bon pasteur,
et le Dieu lui-même qu'il prêchait parti ·
cipait un peu de lui : on l'appelait le
« papa céleste ».

*
* *

Ayant ouvert les cœurs par la religion
Oberlin entendait mûrir les esprits par
l'instruction. Il avait lui-même un de ces
savoirs encyclopédiques universels, comme seuls quelques hommes de la Renais-
sance et du XVIIIe siècle en possédèrent.
Il connaissait les langues mortes, les
sciences théologiques, la métaphysique,
la logique, la géométrie. la trigonométrie,
la géographie ancienne et moderne, l'histoire universelle, la physique, l'histoire
naturelle, l'histoire de la philosophie, le
droit naturel, les antiquités égyptiennes,
hébraïques, grecques, romaines, la science
médicale, etc.

Mais son programme scolaire fut aussi
sobre et pratique qu'énergiquement pour-
suivi. A son arrivée, on peut dire qu'il n'y
avait pas d'école à Waldbach. Si délabré
que fût son presbytère — on le nommait la ratière — il refusa de le laisser

réparer avant qu'une école fût construite d'abord à Waldbach et puis dans les autres villages.

Les habitants s'effrayèrent de la dépense. Il leur promit qu'il ne leur en coûterait rien, lança des souscriptions à Strasbourg, s'endetta lui-même. Un plein succès couronna ses efforts. L'enseignement des tout petits, celui des moyens, celui des adultes fut organisé. Ses écoles enfantines dites poëles à tricoter sont demeurées célèbres. Là, des monitrices infatigables appelées « conductrices de la tendre jeunesse », — Mme Oberlin puis la servante Louise Scheppler sont les plus connues, — enseignaient aux enfants, outre le tricot et la couture, l'histoire sainte, la récitation, le calcul mental, le chant, un peu d'histoire naturelle avec des tableaux coloriés, les noms et les propriétés des plantes. Ce travail se faisait en jouant par le contact direct des objets et de la nature. C'était déjà la méthode Frœbel, la leçon de choses de notre enseignement moderne.

Oberlin avait d'autre part des pensionnaires, appartenant souvent aux meilleures familles de la bourgeoisie alsacienne. Ils payaient 9 fr. par semaine. Mais il y avait des réductions. Ils recevaient moyennant cette rétribution modeste une éducation, où ce que nous appelons aujourd'hui l'enseignement ménager

tenait autant de place que l'hygiène en les
études classiques. L'histoire naturelle
s'apprenait dans les promenades en regardant les plantes et les insectes. Encore
relâchait-on ces derniers « pour éviter
toute cruauté ». Une foule de travaux pratiques et de jeux ingénieux inventés par
le pasteur recréaient l'esprit, dévelop-
paient l'agilité et l'adresse des doigts.

A l'usage des villageois, l'enseignement
professionnel prenait un développement
particulier. Afin de pouvoir prêcher
d'exemple, Oberlin avait lui-même appris
à peu près tous les métiers. Il s'occupait
ensuite de placer pendant quelques années les jeunes gens du bourg chez des
maîtres pour s'y perfectionner.

Deux traits sont à noter. D'abord, l'im-
portance extrême qu'Oberlin attachait à
l'étude du français. A son arrivée à
Waldbach, il était à peine compris. Un
Français eût pu, constatait le pasteur, s'y
écrier, comme Ovide en exil : « *Barbarus
hic ego sum quia intelligor, nullo* ». A
sa mort, le français était devenu la langue
de tous ceux qui avaient bien voulu « se
laisser civiliser », l'instrument accessible
à tous pour s'ouvrir la voie de la culture
supérieure et universelle.

L'autre aiguillon employé par Oberlin
fut l'émulation. Entre les maîtres des
écoles et les élèves, il l'entretenait pareillement. De même, il offrait des prix

pour stimuler l'activité dans tous les domaines. On le vit récompenser tour à tour ou à la fois les meilleurs maçons, les meilleurs tisserands, les planteurs des plus belles pépinières, les tricoteuses de bas, les apprentis sellier, serrurier. menuisier « ou de tout autre métier rare », les communautés entretenant le mieux leurs chemins.

***

Toutefois, c'était encore l'exemple, l'initiative individuelle qui était la méthode favorite d'Oberlin.

Pour améliorer les procédés de culture, le bétail, les engrais, il se fit paysan, importa des semences, des outils, des procédés inconnus. Lui-même défrichait le sol, plantait, ensemençait. L'autorité pastorale fortifiait ses conseils agronomiques : n'étaient admis à la Communion que les enfants ayant planté deux arbres fruitiers.

De tout temps la civilisation chemina et se propagea par les routes. L'isolement du Ban de la Roche était effroyable : « Il était presque impossible de sortir de notre paroisse et d'y entrer avec des harnais. Le chemin passait par dessus un rocher escarpé, avec un précipice où plus d'une voiture était tombée... Lorsque ma mère, conte une des filles du pasteur, était obligée de descendre à Strasbourg, son excellent époux l'accompagnait à pied avec tous les instituteurs de la paroisse et quelques hommes jeunes, forts et de bonne volonté... Chacun était armé d'une longue perche afin de pouvoir soulever la voiture aux passages dangereux. Un voyage devenait une sorte d'exploit. » Oberlin se fit lui-même architecte, ingénieur, agent-voyer et manœuvre. Une estampe du temps le montre frayant la voie, la pioche à la main, à la tête de ses paroissiens. Sur son initiative, les routes naquirent, se multiplièrent. Il fit construire neuf ponts. Si son humilité chrétienne l'eût permis, c'eût été une des œuvres dont il eût été le plus fier.

Il fondait aussi des sociétés de mutualité, d'agriculture, d'entretien des routes, des caisses d'emprunt et de liquidation des dettes, organisait l'assistance par l'épargne et le travail. La terre cessant de suffire pour faire vivre la population, il aida, pour suppléer à l'industrie minière en décadence, à établir dans le Ban de la Roche le filage du lin, du chanvre, du coton, de la laine et la fabrication à domicile du ruban de coton.

A la fréquence des incendies, il remédia par la création de seringues puis de pompes à feu, et il organisa des corps de pompiers.

La médecine était complètement ignorée. L'eau-de-vie mélangée à l'huile d'olive tenait lieu de panacée universelle. Oberlin créa une pharmacie, forma plusieurs gardes-malades, répandit des notions d'hygiène, et ses propres mains sacerdotales manièrent les premières, au Ban de la Roche, l'instrument de M. de Pourceaugnac...

« *Nihil humanum a me alienum puto* ». Aussi bien dans le domaine des choses matérielles que dans celui des choses de l'esprit, la maxime antique caractérise l'activité inlassable d'Oberlin. C'est au prix d'un effort dont on ne sait s'il faut davantage admirer l'énergie constante, le caractère étonnamment pratique ou la variété que du « pays de loup » qu'il avait trouvé à son arrivée, il réussit peu à peu à former, selon le témoignage d'un contemporain, « un pays de fées ».

***

La Révolution française apporta quelque perturbation dans la vie locale. D'une manière générale l'Alsace était de tendances démocratiques, mais non révolutionnaires. En bien des endroits, catholiques et protestants se réunirent pour accueillir avec joie l'ère des réformes : « Dans le riche canton du Kochersberg, sept villages protestants et cinq villages catholiques faisaient bénir en commun leurs drapeaux par leurs curés et leurs pasteurs. » A Oberlin, la Révolution apparut avant tout comme la laïcisation des principes de l'Evangile. « Tous les vrais chrétiens sont patriotes... La Constitution vient évidemment de Dieu. » Ces principes furent ceux d'Oberlin en face du nouvel ordre de choses. Il fit un sermon pour montrer son origine providentielle, inséra successivement, dans la liturgie, des prières pour les Etats Généraux, l'Assemblée législative, la Convention Nationale, les municipalités, les soldats, et le Premier Consul organisa des fêtes mi-civiques et mi-religieuses. Quand la persécution vint entraver l'exercice de la religion, il s'efforça de s'accommoder aux lois nouvelles. L'église fut baptisée le temple de la raison. Transporté du dimanche au décadi, le culte fut célébré sous le nom de club. Des sujets temporels furent traités entre les chants, la prière et le sermon. Un citoyen greffier et un président furent nommés pour chaque séance. Les cloches ayant été fondues et leurs sonneries interdites, des roulements de tambour invitèrent au prêche. De son rabat et de son manteau sacerdotal, vains ornements dont il se défit avec joie, le pasteur fit faire des corselets pour les pauvres femmes.

Ces concessions de forme n'empêchèrent pas Oberlin de garder intactes ses convictions. Il cacha chez lui des proscrits et faillit mentir pour en dérober un aux gendarmes. Aussi, en dépit de son amitié avec Grégoire et quelques autres conventionnels, fut-il décrété d'arrestation. Mais sa captivité fut brève.

Dans les temps les plus durs il n'avait pas marchandé son dévouement à la patrie. Elle lui coûta un de ses fils, Frédéric-Jérémie, tué à l'ennemi au mois d'août 1753. Un autre, Charles Conservé, fut chirurgien militaire. Il témoigna de son zèle civique par d'autres actes.

Pour empêcher la dépréciation des assignats, il eut d'abord l'idée de faire signer par tous les chrétiens patriotes l'engagement suivant : « Nous, les soussignés chrétiens et chrétiennes protestons à la face du Dieu de charité que nous adorons que dorénavant nous prendrons les assignats dans leur pleine et entière valeur qui est imprimée dessus et sans aucune perte de celui qui les donne pourvu qu'il ne faille pas rendre dessus ou guère. » Puis, à ce plan primitif, il en substitua un autre plus pratique. Chaque bon citoyen s'engagea à consentir une perte de deux sous par assignat de cinq livres qui lui passerait par les mains. Chacune des dépréciations successives étant inscrite sur le billet, au bout de cinquante changements, celui-ci était remboursé et la dette nationale diminuée d'autant. Par ce moyen ingénieux, plus de 78,000 livres d'assignats furent remboursées. La Convention, informée de cet acte de civisme, en témoigna officiellement sa reconnaissance au pasteur citoyen.

Elle eut une autre occasion de lui rendre hommage quant, au moment d'une discussion sur les moyens d'universaliser la langue française, le député alsacien Ehrmann décrivit l'œuvre accomplie au Ban de la Roche par les pasteurs Stuber et Oberlin.

Informé de la mention honorable qui lui fut décernée, Oberlin en exprima sa gratitude à la célèbre assemblée. Avec une modestie touchante, il dit son embarras, — lui « dont la langue maternelle était l'allemand » — de rester court « vis-à-vis des Français nés Français ». Il ne résistait pas à la joie de rappeler les moyens employés par lui pour « francéciser » ses ouailles et les résultats obtenus : « Cette petite peuplade, jadis parfaitement ignorante, est toute métamorphosée, et le français est quasi la langue naturelle de toutes les Familles qui ont bien voulu se laisser civiliser. »

L'Administration impériale entretint avec Oberlin des relations étroites et respectueuses. Lezay-Marnésia, l'excellent

préfet du Bas-Rhin, professait pour lui
une admiration infinie, le qualifiait « un
homme presque divin ». Souvent, il lui
rendait visite et sollicitait ses avis. A
l'occasion, le pasteur savait donner déli-
catement à l'éminent fonctionnaire une
leçon qu'il acceptait de bonne grâce. Un
jour, qu'il était l'hôte d'Oberlin, Lezay-
Marnésia tout en mangeant, émiettait
distraitement son pain, de telle sorte que
des fragments tombaient à terre : « Le
cher papa qui l'observait, dit un témoin
oculaire, recula doucement sa chaise, le
pria de continuer son discours et ramassa
les miettes Le préfet s'écria : « Pardon,
Monsieur le pasteur, ce ne sont que des
miettes de pain. — Pardonnez, Monsieur
le Préfet, dit en les ramassant le cher
papa, elles n'osent pas se perdre. — Mais
elles ne sont pas perdues, vos poules les
mangeront. — Me croyez-vous assez
malhonnête, Monsieur le préfet, pour
vous charger du soin de nourrir mes
poules ? Oh non ! j'ai une fille qui les
soigne... » Le préfet comprit la leçon et
cessa d'émietter son pain.

En 1813, Oberlin figure dans la souscription faite à Strasbourg pour offrir à
l'empereur les frais d'équipement de
cent cavaliers. Quand, quelques mois
plus tard, l'ennemi envahit l'Alsace, ce
fut lui qui modifia le formulaire imposé

aux maires par le général de Wrède. Les maires du Ban de la Roche promirent de remplir leurs fonctions et de respecter les ordres donnés au nom des puissances alliés, « à moins, stipule chaque engagement, qu'ils ne contrarient le serment que j'ai prêté à mon souverain l'Empereur des Français. »

*
* *

Peu à peu, la renommée du pasteur s'était étendue. En 1818, il reçut la médaille d'or de la Société Royale d'Agriculture de Paris. En 1819, il fut décoré de la Légion d'honneur. Sur le dossier des pièces et correspondances diverses se rapportant à cette distinction, on a trouvé cette mention, écrite de sa main : « Chevalier de quatre-vingt ans ». Humilité chrétienne en discrète ironie pour les grandeurs de ce monde ?

M. de Berckheim, gentilhomme alsacien d'origine, demanda un jour à Alexandre Ier la permission d'aller rendre visite au pasteur. Le souverain lui répondit : « Monsieur Oberlin m'est connu, c'est un homme que je respecte. Je vous charge de lui dire que je l'aime et que je l'estime ». Et l'embrassant par trois fois, il ajoute : « C'est pour papa Oberlin ». Mme de Krüdener, Lavater, l'inventeur de la physiognomonie, le philosophe Jung Stilling,

les poètes Lentz et Pfeffel, François de
Neufchâteau, l'abbé Grégoire étaient en
relations de correspondance et de personne avec Oberlin. Son presbytère devenait une manière de lieu de pélerinage
où chrétiens fervents et philosophes sensibles, de la France ou de l'étranger, al-
laient porter leurs hommages. Dans ses
Promenades Alsaciennes, Paul Merlin,
lefils de Merlin de Thionville, a noté l'impression produite par le célèbre pasteur.

A peine entré dans le canton du Ban de
la Roche, on remarque la politesse, la
bonne santé, l'affabilité des villageois. Un
émoi profond s'empare du visiteur à l'aspect de l'humble presbytère. Il frappe à
la porte est introduit dans une petite pièce
simple et nue. Enfin, Oberlin paraît. « Sa
taille est moyenne, mais les ans ne l'ont
point courbée. La plus grande propreté
règne dans son habillement entièrement
noir ; sa tête, blanchie par de nombreux
travaux et par plus de quatre-vingt-deux
hivers, est couverte d'un bonnet éclatant
de blancheur. Le génie brille encore dans
ses yeux dont l'éclat commence à s'éteindre. »

Comme Paul Merlin faisait allusion à la
différence de confession qui les séparait,
Oberlin répondit : « Si vous êtes chrétien, mon cher enfant, nous sommes de la
même religion. » Quand il prononça le
nom de Socrate, le pasteur s'écria, les

traits illuminés : « Ce cher homme, je suis convaincu qu'il occupe une des premières places près du trône de Dieu ». Les entretiens qu'il eut avec celui qui se nommait lui-même humblement « le pauvre petit Fritz », eurent sur le voyageur une influence profonde. En prenant avec émotion congé de lui, il fit le serment : « Jamais la bouche qui a reçu le baiser de paix d'Oberlin ne s'ouvrira pour le mensonge. » Conformément à son vœu, Paul Merlin fut, quelques années plus tard, enterré aux pieds du bon pasteur.

*
* *

Presque jusqu'à la fin de ses jours grâce à sa frugalité, grâce à son énergie, Oberlin garda son activité. Plus que septuagénaire, il montait à cheval et étonnait les jeunes gens par son activité A quatre-vingt ans, il disait parfois avec un peu de mélancolie : « Je ne suis plus bon à rien, l'esprit a toujours sa vivacité, mais le corps n'en veut plus et refuse son service ». Pourtant, il aidait encore une vieille femme à porter un seau trop lourd et ramassait en marchant des brindilles de bois pour allumer le feu d'une pauvresse.

Cependant, le moment du repos approchait. A la fin du mois de mai 1826, il fut pris de convulsions violentes. Elles durèrent cinq jours. « Le 1er juin, à six heures

du matin, le vénérable Oberlin, déjà
privé de l'usage de la langue, couvert de
la sueur de la mort, les membres froids et
presque roides, trouva pourtant assez de
forces pour ôter son bonnet et pour joindre ses mains ; il jeta vers le ciel un regard plein d'une tendresse inexprimable,
il ferma ensuite ses yeux qui ne devaient
plus se rouvrir ; ce n'est, cependant, que
cinq heures après, à onze heures, qu'il
expira. »

Au son du glas qui annonçait sa mort,
les habitants du Ban de la Roche se sen-
tirent « tous orphelins ». On lui fit des
funérailles grandioses, auxquelles partici-
pèrent les habitants de tous les villages
des environs, même des cantons catholiques. Parmi les discours qui furent pro-
noncés, on lut le sermon que lui-même
avait composé pour dire adieu à ses paroissiens et leur rappeler, une dernière
fois, qu'il les avait « extrêmement aimés ».

Quelques jours après la mort d'Oberlin, un groupe de jeunes officiers d'artillerie arrivèrent au Ban de la Roche dans
l'intention de lui présenter leurs hommages. Ils purent seulement s'incliner devant sa tombe. L'un d'eux faisait des
vers. Voici, dans son parfum bien 1830,
la poésie de cet artilleur :

LE PASTEUR DU BAN DE LA ROCHE

Quelle est sous ce simple feuillage,
Cette croix simple et ce tombeau ?
Ci repose Oberlin le Sage,
Le vieux pasteur de ce hameau.
Il fut pendant sa vie entière,
Notre ami, notre protecteur.
A la ville et dans la chaumière,
On pleure encore le bon pasteur.

Son humble vie à l'indigence,
Ne se ferma qu'avec ses yeux,
Et le flambeau de la Science
Par lui vint éclairer les cieux ;
Son esprit fécond en merveilles
Suivait les élans de son cœur,
Il nous donnait ses jours, ses veilles,
Qui nous rendra ce bon pasteur ?

Après avoir, dans cent asiles,
Avec eux partagé son pain,
Il cultivait le champ stérile
De la veuve et de l'orphelin.
Notre amour était sa richesse,
Faire des heureux son bonheur ;
Le plus doux nom pour sa vieillesse
Etait le nom du bon pasteur.

A travers les roches altières,
Il creusait des chemins nouveaux,
Et bientôt, au lieu de bruyères,
Le blé flotta sur nos côteaux.
Tout garde ici la souvenance
De ses vertus... O voyageur !
Si tu chéris la bienfaisance,
Donne une larme au bon pasteur.

De nombreux écrits, en prose et en vers, célébrèrent la mémoire d'Oberlin. Plus de cent ouvrages lui furent consacrés, depuis la classique biographie de Strœber, jusqu'au travail récent du pasteur Leenhardt (1). Une Université américaine et beaucoup d'œuvres philanthropiques se sont parées de son nom.

Mais c'est peut-être à Strasbourg, au Musée Alsacien, que vous retrouverez, le plus vivant, son image dans l'atmosphère où il vécut. « Fidèlement copiée sur le poêle que l'on peut voir encore dans les anciennes chaumières de Waldersbach ou de Belmont, la « Chambre d'Oberlin » a été reconstituée avec son plafond à poutrelles, ses portes basses et son fourneau de fonte. Un escalier en bois monte à l'étage supérieur ; les murs, où règne un banc rustique, crépis et blanchis à la chaux, sont ornés de gravures et de nombreux portraits d'Oberlin. Une foule d'objets lui ayant appartenus ont été offerts par ses descendants : sa table de travail, ses collections d'histoire naturelle dans leur armoire, son fauteuil, la harpe de Mme Oberlin, un grand nombre d'auto-

____

(1) Je cite en particulier la belle Notice illustrée, éditée par la *Revue Alsacienne illustrée* (1911), à laquelle j'ai fait de nombreux emprunts.

graphes, de documents, de portraits et
d'objets usuels. » Dans les tiroirs des
vieux bahuts, vous trouverez les silhouettes qu'il aimait à découper, les jeux qu'il
inventait pour amuser et instruire les enfants, d'innombrables cahiers couverts de
son écriture...

Peu de personnalité sont plus vivantes,
plus elles-mêmes, que celle du pasteur
Oberlin. Il n'a rien du prêcheur ni du
piétiste. C'est dans la force du terme un
homme d'action, un précurseur bien souvent de la pensée contemporaine. En
même temps, il est singulièrement de son
temps : un mélange savoureux de l'esprit
chrétien et de l'esprit du dix-huitième
siècle. « Catholique évangélique » illumi-
né, républicain et encyclopédique, il syn-
thétise, multiplie dans sa conscience
les motifs d'aimer les hommes, dans son
activité les moyens les plus pratiques de
leur faire du bien.

Il est extrêmement alsacien : sa bonho-
mie, sa gaieté, son humour, sa ténacité,
ses convictions démocratiques, son esprit avisé et prudent sont des traits de la
race. Il est extrêmement français. Pour
lui-même d'abord, ensuite pour tous ceux
dont il avait la charge, il a fait du français
la langue de la civilisation, la voie d'ac-

cès vers la haute culture et l'instruction intensive. A quel point son œuvre fut efficace et solide, nous pouvons le mesurer encore aujourd'hui. Le Ban de la Roche est un des coins d'Alsace où, en 1913, on ne parle que le français.

J'espère donc qu'il vous plaira de garder, dans votre souvenir, une petite place pour celui que beaucoup de biographes qualifient « un saint protestant », qui, pour les hommes de la Révolution, fut le « pasteur citoyen », pour son préfet, « un homme quasi-divin », pour lui-même le « pauvre petit Fritz », et pour ses ouailles « papa Oberlin ». Il est une des figures humaines les plus pures que nous offre l'histoire, et, ce qui touche de plus près encore tels d'entre nous, l'une des plus alsaciennes de l'histoire de France, une des plus françaises de l'histoire d'Alsace.

ANDRÉ LICHTENBERGER.

VI

CONFÉRENCE

DU 17 FÉVRIER 1913

PAR

JACQUES PREISS

Ancien député d'Alsace-Lorraine au Reichstag

Jacques Kablé

et l'Alsace-Lorraine

depuis 1870

Jacques PREISS

JACQUES KABLÉ

ET L'ALSACE-LORRAINE DEPUIS 1870

Lorsque les évènements de l'Année terrible eurent infligé les plus cruelles déceptions à ceux qui, se fiant à un long passé glorieux, avaient compté sur la victoire des armes françaises, le Gouvernement de la Défense Nationale conclut un armistice, le 28 janvier 1871. Le principal but de cette suspension des hostilités était de permettre à la France de procéder à l'élection d'une Assemblée Nationale qui devait décider de la continuation de la guerre ou de la conclusion de la paix.

Les élections pour l'Assemblée Nationale eurent lieu au scrutin de liste par département et furent fixées au 8 février 1871. Sur les 753 députés à élire, 11 furent attribués au département du Haut-Rhin et 12 au département du Bas-Rhin.

Pour l'Alsace et la Lorraine, envahies l'une et l'autre par le conquérant, le scrutin du 8 février 1871 avait la **valeur d'un plébiscite**. Quoique jalousement observée et surveillée par le vainqueur, qui s'était installé à son foyer et qui avait institué un régime de terreur, la population des deux provinces qui devaient être la rançon exigée par l'Allemagne, marcha au scrutin comme un seul homme et donna à ses représentants le mandat formel de voter pour la continuation de la guerre et contre tout projet de cession de leur pays à l'Allemagne.

Parmi les représentants élus par la Basse-Alsace, se trouvait Jacques Kablé, directeur d'assurances à Strasbourg.

Kablé avait alors 40 ans. Il avait fait ses études de droit et s'était établi comme avocat. Mais bientôt il quitta le barreau et prit la direction régionale de la Compagnie d'assurances *Le Phénix*. Pendant le siège de Strasbourg, il avait organisé un service d'ambulance et dirigé le comité de secours aux blessés. Il avait été nommé membre de la Commission municipale qui, dans la ville assiégée, était spécialement chargée de gérer les affaires de la municipalité et de veiller aux intérêts et à la sécurité des citoyens. Partout il se distingua par son zèle et son désintéressement pendant ces heures tragiques.

Après la reddition de la ville, qui eut

lieu le 28 septembre 1870, il fut nommé adjoint au maire dans des circonstances particulièrement difficiles.

L'abnégation et le courage, dont il avait fait preuve en toutes occasions, lui valurent l'estime et l'admiration, non seulement des habitants de Strasbourg, mais aussi de tous ceux qui, de près ou de loin, avaient suivi avec intérêt et sympathie la lutte ardente des assiégés contre les assiégeants.

Quoi d'étonnant à ce que, dans ces conditions, on ait songé à Kablé quand la Basse-Alsace fut appelée à élire les enfants les plus dignes du pays pour proclamer, à l'Assemblée Nationale de Bordeaux, l'attachement inébranlable de l'Alsace à la France et pour protester contre toute idée de cession de la terre d'Alsace à l'Empire d'Allemagne.

Arrivés à Bordeaux, les mandataires de l'Alsace et de la Lorraine, pour remplir la mission dont les avait chargés l'enthousiasme patriotique de leurs électeurs, arrêtèrent, d'un commun accord, les termes d'une **déclaration** solennelle qu'ils feraient à l'Assemblée Nationale, au nom des deux provinces convoitées par l'Allemagne.

C'est à la séance du 17 février 1871 que lecture fut donnée, par le député Alsacien Keller, de la célèbre « Déclaration » signée par tous les députés de l'Alsace et de la Lorraine.

En voici quelques passages essenliels :

« *L'Alsace et la Lorraine ne veulent*
« *pas être aliénées. Associées depuis*
« *deux siècles à la France dans la bonne*
« *et la mauvaise fortune, ces deux*
« *provinces, souvent exposées aux*
« *coups de l'ennemi, se sont constam-*
« *ment sacrifiées pour la grandeur na-*
« *tionale ; elles ont scellé de leur sang*
« *l'indissoluble pacte qui les rattache à*
« *l'unité française.*

... « *Tous unanimes, les citoyens*
« *demeurés dans leurs foyers, comme*
« *les soldats accourus sous les dra-*
« *peaux, les uns en votant, les autres*
« *en combattant, signifient à l'Allema-*
« *gne et au monde l'immuable volonté*
« *de l'Alsace et de la Lorraine de rester*
« *françaises.*

. . . .

... « *Nous proclamons par les pré-*
« *sentes à jamais inviolable le droit*
« *des Alsaciens et des Lorrains de res-*
« *ter membres de la Nation française,*
« *et nous jurons, tant pour nous que*
« *pour nos commettants, nos enfants*
« *et leurs descendants, de le revendi-*
« *quer éternellement et par toutes les*
« *voies, envers et contre tous usurpa-*
« *teurs.* »

L'adoption, par l'Assemblée Nationale,
de la proposition des Alsaciens et des
Lorrains, qui demandaient la prise en

considération de leur protestation, voulait dire : Reprise des hostilités, continuation de la guerre à outrance. Point de négociations de paix avec l'envahisseur.

L'Assemblée Nationale crut ne pas devoir faire droit à la demande des représentants de l'Alsace et de la Lorraine. Tenant compte de l'état d'épuisement où se trouvait le pays, de l'occupation d'une grande partie du territoire français par les troupes ennemies, elle recula devant la reprise des hostilités. Elle adopta la résolution suivante : « L'Assemblée Nationale, accueillant avec la plus vive sympathie la déclaration de M. Keller et de ses collègues, s'en remet à la sagesse et au patriotisme des négociateurs. »

C'était l'abandon de l'Alsace et de la Lorraine. On ne connaissait que trop bien, par avance, les dures et irréductibles conditions des Allemands.

Thiers, nommé chef du pouvoir exécutif, fut chargé de négocier les préliminaires de paix, qui furent signés le 26 février, et adoptés par l'Assemblée Nationale, le 1ᵉʳ mars 1871, par 546 voix contre 107.

La mort dans l'âme, les députés des deux provinces sacrifiées présentèrent alors, à l'Assemblée Nationale, une dernière **protestation formelle** contre la cession de l'Alsace et de la Lorraine à l'Allemagne. Voici cette déclaration suprême, dans son émouvante et puissante simplicité :

Bordeaux, le 1ᵉʳ mars 1871.

« *Les représentants de l'Alsace et de*
« *la Lorraine ont déposé, avant toute*
« *négociation de paix, sur le bureau de*
« *l'Assemblée Nationale, une déclara-*
« *tion affirmant de la manière la plus*
« *formelle, au nom de ces provinces,*
« *leur volonté et leur droit de rester*
« *françaises.*

« *Livrées, au mépris de toute justice*
« *et par un odieux abus de la force, à*
« *la domination de l'étranger, nous*
« *avons un dernier devoir à remplir.*

« *Nous déclarons encore une fois nul*
« *et non avenu un pacte qui dispose de*
« *nous sans notre consentement.*

« *La revendication de nos droits reste*
« *à jamais ouverte à tous et à chacun*
« *dans la forme et dans la mesure que*
« *notre conscience nous dictera.*

« *Au moment de quitter cette encein-*
« *te, où notre dignité ne nous permet*
« *plus de siéger, et malgré l'amertume*
« *de notre douleur, la pensée suprême*
« *que nous trouvons au fond de nos*
« *cœurs est une pensée de reconnais-*
« *sance pour ceux qui, pendant six*
« *mois, n'ont pas cessé de nous défen-*
« *dre, et d'inaltérable attachement à la*
« *patrie, dont nous sommes si violem-*
« *ment arrachés.* »

Le 10 mai 1871, le traité de paix définitif, le traité de Francfort, qui consacra

l'annexion de l'Alsace et de la Lorraine à l'Empire allemand, fut signé par les plénipotentiaires de la France et de l'Allemagne.

Au lendemain de la conquête, la grande majorité du monde officiel français, une partie considérable de l'élite intellectuelle, un grand nombre de familles riches et aisées quittèrent le pays. L'émigration simultanée de tant d'éléments utiles et influents était regrettable en ce sens que la force de résistance de la population indigène vis-à-vis du conquérant, s'en trouva fortement diminuée au point de vue matériel et moral. Chaque émigré fut remplacé par un émigré allemand. —

Que pouvaient, que devaient faire ceux qui restèrent au pays ?

Avant de répondre à cette question, examinons d'abord la situation faite aux Alsaciens-Lorrains au sein de l'Empire allemand à la suite de l'annexion.

L'Allemagne avait un beau rôle à jouer. Elle était, par le sort des batailles, devenue une des grandes nations de l'Europe moderne. Elle avait conquis une population d'une haute culture intellectuelle et morale, ardemment attachée aux idées de justice et de liberté, parfaitement consciente du droit qu'ont les peuples civilisés de disposer d'eux-mêmes et ressentant au plus profond de son être la cruauté qu'il y avait à l'arracher contre

son gré à une nationalité qui lui était
chère pour leur en imposer une autre qui
les répugnait. Malgré la belle assurance
qu'elle affectait, l'Allemagne victorieuse
ne pouvait, dans sa pensée intime, se dis-
simuler que la violence faite à une population de 1.500.000 habitants, innocente
et digne de tous les respects, entachait sa
conquête d'une certaine tare morale aux
yeux de tout homme vraiment cultivé, et
de toute nation vraiment civilisée. Elle
devait se dire que ces éléments étrangers, intelligents et hostiles qu'elle avait
par la force associés à sa fortune, seraient
certainement pour elle une source de
gros ennuis dans les affaires intérieures
du pays et surtout dans ses relations
avec les autres puissances européennes.
Elle devait se rendre compte de la nécessité inéluctable qu'il y avait pour elle de
ne pas se contenter de la conquête matérielle du pays, mais de le conquérir aussi
moralement, d'assimiler les annexés, de
gagner l'esprit et le cœur des populations
conquises à la cause allemande. Elle devait concevoir l'idée et nourrir l'ambition
de créer en Alsace-Lorraine un état de
choses qui lui permettrait, — le plus tôt
possible, — de se prévaloir devant l'Europe moderne et le monde civilisé de l'a-
dhésion de l'Alsace-Lorraine à son incor-
poration à l'Allemagne.

C'était là une grande et noble tâche à

entreprendre, une œuvre d'une impor-
tance capitale pour l'Allemagne qui, du
coup, aurait réfuté et renversé, à tout
jamais, toutes les objections qui avaient
été élevées contre sa conquête.

Nous allons voir que l'**Allemagne ne**
comprit pas le beau rôle que l'histoire lui
avait assigné en Alsace-Lorraine. **Elle**
ne sut pas se hausser au niveau de
la grande et noble mission qu'elle
avait assumée aux yeux du monde civilisé.

Les Alsaciens-Lorrains qui restèrent au
pays étaient habitués à prendre une part
très active à toutes les aspirations politiques et économiques, morales et intellec-
tuelles que comportait la vie nationale de
la France, la grande patrie. Ils se virent
subitement relégués dans leur patrie res-
treinte, livrée elle-même à un vaste empire inconnu, étranger et froid. Abandonnés de tous, désemparés, ils eurent
d'abord une crise de profond décourage-
ment. Mais la vie finit toujours par reprendre ses droits. Doués de beaucoup de
bon sens, ils se ressaisissent bien vite.
Ils cherchent à se reconnaître, à s'orien-
ter dans la situation nouvelle qui leur
était faite malgré eux, à découvrir une
voie où, pour le bien de leurs familles,
pour le bien du pays, ils pourraient sauver et utiliser ce qui leur restait d'énergies dans les différents domaines de l'activité humaine.

Ils se dirent que, la guerre terminée, la glorieuse Allemagne tiendrait peut-être à honneur de se montrer généreuse envers les vaincus, qu'elle respecterait leurs coutumes et leurs traditions. Ils se souvinrent que les Allemands avaient toujours proclamé que les « frères retrouvés » d'Alsace seraient bien plus libres et bien plus heureux sous le gouvernement libéral et bienveillant du nouvel empire qu'ils ne l'avaient jamais été avant 1870.

Ils décidèrent d'envoyer une délégation de notables à Berlin pour y porter les vœux des annexés. Jacques Kablé en fit partie.

La délégation se rendit à Berlin. L'accueil qu'on lui fit, fut tel que toute illusion s'envola aussitôt. Elle revint avec la conviction que pour Berlin les vœux des Alsaciens-Lorrains seraient chose peu importante dans l'Alsace-Lorraine allemande. **L'Allemagne avait conquis l'Alsace-Lorraine** non pour le bonheur des Alsaciens-Lorrains, mais pour faire de son territoire un glacis pour la défense des Etats confédérés, **pour le bonheur des autres parties de l'Empire.** Bismarck, dans le laisser-aller de ses entretiens intimes, qui nous ont été rapportés, en est convenu sans détours en disant : « Ce n'est pas pour l'Alsace-Lorraine que nos guerriers ont versé leur sang, mais pour l'Empire d'Allemagne, pour ses liber-

tés, pour ses frontières. Nous avons pris ce
pays pour empêcher les Français de se servir du coin de Wissembourg dans l'attaque
qu'ils pourront projeter ». Plus tard, il va
jusqu'à s'écrier en plein Reichstag, s'adres-
sant aux députés d'Alsace-Lorraine : « Ce
n'est pas pour vous, ce n'est pas dans votre intérêt que nous vous avons conquis,
mais dans l'intérêt de l'Empire. » Ceux
qui avaient encore des doutes sur les
sentiments dont les vainqueurs étaient
animés à notre égard. furent bientôt édi-
fiés, lorsqu'on se mit à organiser les provinces annexées.

L'Empire d'Allemagne n'est pas un pays
centralisé comme la France. Il forme une
Confédération, une Association de 25
Etats souverains qui, par la Constitution, délèguent une partie de leurs droits
souverains à l'Empire, mais qui, pour le
reste, pour l'administration, pour la lé-
gislation intérieure du pays, sont autono-
mes, indépendants du pouvoir central de
Berlin. Au lieu de faire de l'Alsace Lorraine un 26ème Etat également autonome
et Indépendant, on en fit un « Reischland »,
une terre d'Empire, une province-annexe,
qui devint la propriété commune des 25
Etats confédérés. Encore à l'heure qu'il
est, tout comme en 1871, il n'y pas de
pouvoir souverain en Alsace-Lorraine.
Tous les droits souverains appartiennent
à l'Empire. L'Alsace-Lorraine est une co-

lonie, dépendant entièrement, dans son existence et son organisation politiques des trois pouvoirs centraux de Berlin (l'Empereur, — le Bunderast ou Conseil fédéral, où sont représentés les gouvernenements confédérés, — et le Reichstag ou Parlement d'Empire, où toutes les parties de l'Allemagne sont représentées par leurs députés.

Virtuellement, les différentes réformes soi-disant constitutionnelles qui ont été réalisées depuis 1871 jusqu'à ce jour, n'ont modifié en rien cette situation légale. La fameuse réforme de 1911 avec la vaporeuse « Constitution » qu'elle nous a apportée, maintient l'Alsace-Lorraine sous la tutelle, dans la dépendance de Berlin. Aujourd'hui comme hier, comme il y a dix, vingt et trente ans, toutes les institutions politiques de l'Alsace-Lorraine : pouvoir exécutif, pouvoir administratif, pouvoir législatif, gouverneur (Statthalter), ministres, Parlement du pays, — toutes ces institutions n'existent qu'à titre précaire ; elles n'ont aucune existence juridique propre et indépendante ; elles sont à la merci des trois pouvoirs centraux de l'Empire qui peuvent, à tout moment, par une nouvelle loi d'Empire, couper le fil de leur existence et les remplacer par ce que bon leur semblera. Le peuple d'Alsace-Lorraine, lui, n'a pas été consulté sur ce qu'on appelle la « Constitution » de son pays. En 1911, on lui a imposé une Constitution, comme en 1871 on lui avait imposé une nationalité.

Par suite de l'organisation politique qui lui a été donnée en 1871, et qui, dans ses caractères essentiels, continue de lui être maintenue malgré elle encore aujourd'hui, l'Alsace-Lorraine est devenue non pas un organe, un membre attitré de la Confédération allemande, mais une « chose », un « objet », un « bien », appartenant à l'Association des 25 Etats confédérés et destiné, avant tout, à servir à la sauvegarde des intérêts de ces derniers.

L'esprit qui avait présidé à ce bienveillant règlement de la situation politique de l'Alsace-Lorraine au sein de l'Allemagne unifiée, était plein de promesses pour l'avenir. Cette première manifestation de la générosité allemande fut le signe précurseur d'un **régime d'exception et d'arbitraire** avec toutes ses injustices et toutes ses cruautés. Elle fut bientôt suivie et complétée par l'article 10 de la loi du 30 décembre 1871, qui nous gratifia de ce qu'on appelle le « paragraphe de la dictature ». Cet article conférait au Président supérieur, — plus tard au Statthalter d'Alsace-Lorraine, — le droit, au cas où à n'importe quel moment et en n'importe quel lieu il le jugerait nécessaire, de prendre contre les biens et contre les personnes en Alsace-Lorraine toutes les me-

sures qui lui sembleraient utiles ou efficaces. C'était l'épée de Damoclès cons-
tamment suspendue sur la tête des populations annexées. C'était livrer la fortune,
l'honneur et la vie de chaque Alsacien-
Lorrain au bon plaisir d'un homme venu
du dehors en conquérant.

Il va de soi que, sous un régime semblable, il ne pouvait être question d'autonomie, de self-government, d'administration de l'Alsace-Lorraine par les
Alsaciens-Lorrains. Des armées de fonctionnaires vinrent, de tous les coins de la
Confédération, s'installer dans nos provinces. Toutes les administrations furent peu-
plées de Prussiens, de Bavarois, de Badois, de Saxons, etc. L'élément indigène
fut naturellement relégué à l'arrière-plan
dans tout ce qui touchait aux affaires publiques. **Une minorité d'immigrés,**
d'étrangers, disposant de tous les pouvoirs
publics, de toutes les faveurs gouverne-
mentales, se **mit à régner en maî-
tresse** dans le pays.

Alors commence en Alsace-Lorraine une
lutte ardente et âpre, tantôt ouverte,
tantôt sourde, entre deux populations distinctes, aux prises sur un terrain étroit,
entre deux passés, deux races, deux cultures, deux mentalités, deux principes,
une lutte qui s'est continuée déjà à travers deux générations, qui dure toujours
et qui durera jusqu'au jour où nous aurons

obtenu les satisfactions qui nous sont dues. *D'une part*, le Germain vainqueur, gonflé de gloire, se croyant appelé à régenter tout le monde, à commander aux âmes comme on commande aux soldats, adorant la force, la force extérieure, la force matérielle, convaincu de sa supériorité à toute épreuve ; — *d'autre part*, l'Alsacien vaincu mais non désespéré, protestant de son droit, calme, patient, sobre dans la manifestation de ses sentiments et de ses volontés, mais décidé à la résistance, ferme et tenace, gouailleur par moments, selon les circonstances, confiant dans le triomphe final de la cause supérieure de l'humanité, de la justice et de la liberté.

Il ne m'appartient pas, dans le cadre restreint de cette conférence, de relater en détail toutes les péripéties de cette lutte qui, plus d'une fois, a été accompagnée de circonstances angoissantes et de conséquences tragiques. Je me bornerai à signaler, dans leurs grandes lignes, les différentes phases qu'elle a traversées, et à marquer de quelques traits caractéristiques et essentiels, les mesures les plus dures qui ont été prises et les efforts les plus violents qui ont été faits pour **mater, dompter, écraser la résistance de l'élément indigène.**

Tout d'abord, le gouvernement allemand et les nuées de pangermanistes de

tout acabit qui, à sa suite, étaient venus
s'abattre sur le pays, les uns pour y chercher des emplois, les autres pour y créer
des journaux teutons, pour y faire du
commerce ou pour exploiter d'une manière ou d'une autre la colonie d'Alsace-
Lorraine affaiblie par l'émigration, s'ima-
ginèrent que les populations des deux
provinces annexées, étaient restées fonciè-
rement allemandes, qu'il suffirait d'un
effort un peu énergique, persistant et inflexible, d'un peu de dressage ou de re-
dressage pour ramener les « frères éga-
rés » dans le droit chemin, pour leur faire
comprendre qu'ils n'avaient plus rien à espérer de l'avenir en dehors d'une adhé-
sion franche et définitive à l'Empire
d'Allemagne. Ils ne doutaient pas que le
prestige de la grande Allemagne, qui venait de remporter des succès extraordinaires et qui marchait, selon eux, vers un
avenir de plus en plus glorieux, n'eût tôt
fait d'enlever la légère couche de culture
gauloise qui recouvrait leur âme allemande, d'avoir raison du mince « **ver-
nis** » français qui leur avait été appli-
qué.

Pénétré de ces idées, le gouvernement
d'Alsace-Lorraine s'appliqua, dès le début, sans se laisser arrêter par le respect
dû aux habitudes, aux mœurs, aux traditions et aux besoins de la population indigène, à extirper systématiquement et

rigoureusement, autant que cela était matériellement possible, tout ce qui, à son gré, rappelait trop le passé et rattachait le pays à la période française de son histoire.

On **renversa**, on **bouleversa** la plupart des institutions qui dataient d'avant 1870 et on les remplaça par des organisations nouvelles, afin de créer, dans tous les domaines de l'action publique, un terrain favorable à la germanisation intensive et rapide qu'on rêvait de réaliser. Sans aucun retard, on voulait donner, — ou « rendre ». selon la manière de voir des pangermanistes, — au pays conquis un aspect, **un cachet allemand** qui devait faire éclater, aux yeux des indigènes, des étrangers, du monde entier, le caractère définitif de la conquête.

A coups de lois, de décrets, de règlements, d'ordonnances, l'instruction publique fut réorganisée de fond en comble. La langue allemande devint la langue officielle dans les écoles. L'enseignement particulier de la langue française fut lié à des conditions d'autorisation spéciale telles que cela équivalait à une interdiction. Les écoles de tout ordre sont transformées en instruments de germanisation à haute pression. L'enseignement libre est supprimé. A l'école primaire, dans les lycées et les gymnases on exalte les hauts faits de la Prusse et on parle avec dédain de l'histoire de France. Les deux cents ans d'histoire française de l'Alsace sont passées sous silence ou dépeints comme des siècles d'ignorance, de barbarie ou de perversité. On espère que le jeune Alsacien, trituré de la sorte, sortira de l'école primaire ou secondaire complètement germanisé, bon Teuton, parfait patriote allemand.

Est-il besoin de dire qu'avec un tel régime de terreur, dans cette atmosphère délétère de l'arbitraire, la *presse* était réduite à l'impuissance ?

Seuls, les journaux rédigés en allemand, à la dévotion du gouvernement et vantant les mérites et les hommes de la Germanie, trouvaient grâce devant le maître étranger.

La voix du pays ne pouvait plus se faire entendre. Un silence de mort s'étendait d'un bout de la terre d'Empire à l'autre. **La paix du cimetière** planait sur les ruines de l'Alsace et de la Lorraine françaises.

Cette période de dictature policière qui ne recule pas devant les mesures les plus rigoureuses et les plus cruelles pour terroriser les populations et pour essayer de donner aux provinces annexées par l'écrasement matériel et moral de ses habitants, l'apparence d'un pays germanisé dure jusqu'en 1879. L'indigène, pourchassé dans la vie publique, traqué dans la vie privée, craignant les espions qui surgissent partout, est réduit à *végéter* en vaquant mélancoliquement à ses petites affaires. Il se retranche dans la vie de famille, bornant ses relations à un nombre restreint d'amis sûrs et de connaissances intimes avec lesquels il s'entretient du passé et échange ses espérances pour l'avenir.

De temps en temps seulement, un petit réveil se produit, bref, vif et déconcertant pour les oppresseurs. C'est au moment des élections pour le Reichstag auxquelles l'Alsace Lorraine peut prendre part à partir de 1874. Le bulletin de vote, déposé dans l'urne au scrutin secret, est devenu la seule arme politique, dont dispose l'Alsacien-Lorrain. Alors, les sentiments **véritables** du pays éclatent, s'élèvent de la profondeur des cœurs meurtris comme une fusée dans les ténèbres.

Les premiers députés au Reichstag, élus en Alsace-Lorraine, s'empressent, en février 1874, dès la première séance à laquelle ils assistent à Berlin, **de renouveler devant les représentants de la nation allemande la protestation** de leurs prédécesseurs à l'Assemblée Nationale de Bordeaux. L'un d'eux, M. Teutsch y donne lecture de la déclaration solennelle qu'ils ont rédigée en commun. Il y est dit notamment : « L'Allemagne a excédé son droit de nation civilisée en contraignant la France vaincue au sacrifice d'un million et demi de ses enfants. Au nom des Alsaciens-Lorrains, vendus par le traité de Francfort, nous protestons contre l'abus de la force dont notre pays a été la victime. »

Plus tard, chaque fois que le gouvernement, d'une manière ouverte ou déguisée, tente d'imprimer aux élections pour le Reichstag le caractère d'un vote en faveur de la situation créée par l'annexion violente de 1871, la réponse de l'Alsace-Lorraine ne laisse jamais aucun doute sur le fond de ses pensées et de ses sentiments.

En 1879, les organes de l'Empire décident de changer quelque peu l'organisation politique de la terre d'Empire. Le président supérieur est remplacé par un gouverneur (statthalter), une institution qui existe encore aujourd'hui. Le statthalter est nommé et révoqué par l'Empereur. On lui adjoint un ministère dont les membres sont également nommés et révoqués par l'Empereur et placés sous les ordres du gouverneur.

Le premier statthalter qui vint s'installer à Strasbourg en octobre 1879, fut le feldmaréchal de Manteuffel, doué d'une grande aménité de caractère et de manières très affables. Dans l'esprit des cercles dirigeants de Berlin, la nomination de M. de Manteuffel devait être le signal d'un changement de système dans la politique allemande en Alsace-Lorraine.

En effet, en prenant possession de son poste, M. de Manteuffel déclara qu'il était venu dans le pays « pour panser des blessures et non pour en faire de nouvelles ». Il menaça « d'agir sans pitié contre les fonctionnaires qui manqueraient d'égards et de prévenances envers les indigènes ». Il prêta une oreille attentive aux doléances qu'on lui présentait au sujet du terrorisme exercé par des agents de l'autorité publique et cherchait par tous les moyens à mettre un terme aux vexations administratives et policières dont la population indigène se plaignait amèrement. Son but était de gagner l'estime et la confiance de la bourgeoisie intelligente et par elle les sympathies du peuple tout entier.

Il faut le reconnaître : Les dispositions conciliantes et l'attitude bienveillante de M. de Manteuffel amenèrent une détente salutaire dans les esprits. Après le sommeil léthargique des dix premières années on commença à se sentir un peu plus à l'aise chez soi. Il y eut même un certain renouveau de vie politique, on se mit à reprendre intérêt aux affaires publiques. On s'aventura jusqu'à créer quelques petites feuilles politiques à Strasbourg, rédigées en allemand et en français. Ces feuilles avaient un caractère essentielle-

ment local, mais elles publièren t auss
des articles d'un intérêt général où, très
timidement d'abord, les droits méconnus
de l'Alsace Lorraine. l'esprit alsacien et la
culture française des Alsaciens-Lorrains
se faisaient valoir. Elles s'appelaient :
L'*Union d'Alsace-Lorraine*, de nuance
cléricale, l'*Echo de Schiltigheim*, humo-
ristique. satirique et populaire et la *Presse
d'Alsace-Lorraine*, dont Jacques Kablé
fut l'instigateur.

Kablé, après sept années d'attente et
d'abstention, avait accepté, en 1878, de se
faire élire député au Reichtag à Strasbourg. Il avait compris que le temps de
la protestation pure et simple, non soute-
nue par une action politique et pratique,
eût fini par devenir fatale à l'Alsace-Lorraine. Il fallait bien, à la longue, se décider à s'occuper des affaires publiques, des
intérêts matériels et moraux du pays pour
empêcher la personnalité alsacienne-lorraine d'être submergée par l'élément
étranger et de mourir d'inanition. Kablé
expliqua ce changement d'attitude par les
raisons suivantes dont tout homme sensé
reconnaîtra la parfaite justesse : « La
protestation, dit-il, durera autant que du-
reront, en Alsace-Lorraine, le respect du
passé et le mécontentement du présent.
Mais un pays pas plus qu'un individu, ne
vit de politique abstraite. Les directeurs
d'un parti, pour légitimer leur autorité et

leur influence, sont tenus de s'occuper des besoins, des intérêts, des souffrances de la population qu'ils représentent. Pour le parti de la protestation, l'obstination dans l'abstention équivaudrait au suicide. »

Cependant, la détente provoquée par les allures chevaleresques du vieux feld-maréchal de Manteuffel et le réveil de la vie politique qui s'ensuivit, ne furent pas de longue durée. C'était comme une éclaircie dans un ciel brumeux, plutôt un rêve qu'une réalité.

Depuis quelque temps déjà, les vrais Teutons, les pangermanistes de tous bords, tant en Alsace-Lorraine que dans l'Empire, observaient avec une profonde méfiance et une colère croissante les faits et gestes du statthalter qui semblait faire la cour (buhlen um die Gunst) aux populations annexées. « Quelle honte, quel scandale intolérable ! Le Reichsland a été conquis pour nous, criaient-ils, pour les besoins de l'Empire, pour l'idée alleman-de. C'est trahir les intérêts les plus sacrés de la Patrie que de permettre aux an-nexés de conserver leur langue, leurs souvenirs français. Ils n'ont qu'à se sou-mettre. Sinon — s'ils s'obstinent à ne pas vouloir comprendre l'honneur qu'on leur a fait en les recevant dans le sein de l'Empire, s'ils n'apprécient pas bénévole-ment le bonheur d'appartenir à la grande, à la glorieuse nation germanique, l'honneur et la dignité du vainqueur qui est le maître incontestable et le seul maître du pays, exige qu'il ne se laisse pas arrêter dans son œuvre de germanisation nécessaire, par un sentimentalisme dangereux et sot. » Bientôt, des clameurs furieuses s'élevèrent de toutes parts dans la presse chauvine de l'Empire qui réussit presque toujours à donner le ton dans les questions nationales en Allemagne.

Et, finalement, M. de Manteuffel lui-même, malgré ses intentions généreuses du début, succombe à la logique irrésistible de la puissante mentalité allemande telle qu'elle s'est développée à la suite des triomphes extraordinaires de 1870. De ses propres mains, M. de Manteuffel détruit l'œuvre d'apaisement qu'il avait si bien commencée. Il cesse de panser des blessures, s'arme de ses pouvoirs de dictateur et déjà, en 1881, il interdit les compagnies d'assurances françaises en Alsace-Lorraine — mesure cruelle qui fit perdre à Kablé son poste de directeur du *Phénix* et qui porta le trouble dans bien des ménages alsaciens. Il supprime ensuite, d'un trait de plume, en 1884, les trois petites feuilles politiques dont j'ai parlé tout à l'heure, parce qu'elles avaient affirmé leurs sympathies pour la France et parce qu'elles avaient l'air de ne pas vouloir se laisser germaniser selon les vœux du maître.

C'est que, grisé par les victoires inespérées qu'il a remportées en 1870, le **conquérant allemand** s'est forgé une mentalité spéciale qui est devenue sa mentalité nationale. Convaincu de sa force et de la supériorité de sa race, il **veut s'imposer**. Orgueilleux, il ne veut et ne sait pas attendre. Il ne comprend et n'admet pas la résistance. Il lui faut des succès rapides, immédiats. Lorsqu'il rencontre de la résistance, il se fâche et frappe durement, en maître. **Il ne sait pas se faire aimer, mais il se fait craindre.** Cela lui suffit. « Oderint dum metuant ». Qu'ils me haïssent, pourvu qu'ils me craignent ».

C'est sous la dictature de M. de Hohenlohe, qui devint plus tard chancelier de l'Empire, de 1885 à 1894, que l'Alsace-Lorraine subit les secousses les plus terribles et les épreuves les plus douloureuses. En 1887, le Reichstag avait été dissous parce qu'il avait refusé les crédits militaires réclamés par le gouvernement de l'Empire pour les sept années à venir. Le 21 février 1887, les nouvelles élections eurent lieu, celles qu'on a appelées les « élections du septennat ».

La situation européenne était alors troublée, les rapports entre la France et l'Allemagne très tendus. Sur les instigations de Berlin, le statthalter et son gouvernement voulurent donner aux élections en Alsace-Lorraine le caractère d'un plébiscite en faveur de l'annexion. Une formidable pression administrative et policière entra en jeu. « Ce sera la guerre, déclara-t-on, de tous les côtés, aux populations qu'on essayait de terroriser, « si vous ne nommez pas des députés favorables à l'Allemagne ».

Or, dans les 15 circonscriptions électorales de l'Alsace-Lorraine, **15 députés protestataires furent** élus, la plupart avec des majorités écrasantes, quelques-uns, comme le docteur Sieffermann à Benfeld, sans qu'ils eussent fait la moindre propagande électorale.

En présence de ce résultat stupéfiant et humiliant, la rage des pangermanistes ne connut pas de bornes. Le gouvernement, exaspéré, décida de sévir et de punir ceux qui avaient osé proclamer hautement leur fidélité au passé. La dictature se mit à fonctionner, la police usa des dernières rigueurs. A coups de triques, à coups de massue — on peut le dire — on tenta à nouveau de dégoûter de son opposition à l'idée allemande la population innocente qui, par le bulletin de vote, avait honnêtement et simplement fait son devoir. L'espionnage et la délation se livrèrent à de véritables orgies. Personne ne fut à l'abri du soupçon. Des perquisitions furent opérées par tout le pays pour découvrir des coupables de tous genres dans toutes les classes de la société. Antoine,

député de Metz, fut expulsé. La dissolu-
tion d'un grand nombre de sociétés scien-
tifiques, sportives et autres fut prononcée
sous l'inculpation de propager des idées
françaises. J'en citerai quelques-unes qui
sont typiques : la Société de médecine de
la Basse-Alsace, la Société de médecine de
la Haute-Alsace ; la Sundgovia, société
d'étudiants alsaciens-lorrains ; plusieurs
sociétés de gymnastique. On voulut d'un
coup tuer toutes les associations quelconques qu'on croyait devoir considérer
comme des foyers de vie française. On
voulut une bonne fois et sans répit extirper toute velléité d'opposition à la domination étrangère. Nombreux furent les
hommes de tout âge qui, ayant eu en leur
possession un ruban tricolore, ayant crié :
« Vive la France », chanté ou sifflé la
Marseillaise, furent condamnés, par des
tribunaux presqu'exclusivement composés d'éléments immigrés, à 3, 6, 9, 12
mois de prison et plus, pour avoir exhibé
des emblêmes séditieux ou proféré des
cris séditieux. Je me souviens d'avoir
plaidé moi-même, en 1887, comme tout
jeune avocat, quatre cas de « Vive la
France » ou de *Marseillaise*, avec une
série d'accusés chaque fois, à une seule et
même audience du tribunal correctionnel.
D'autres subirent des peines d'emprison-
nement pour crime de lèse-majesté. Au
moyen de perquisitions domiciliaires, on

trouva çà et là des quittances de la Ligue des Patriotes ; des condamnations à plusieurs années de forteresse, pour crime de haute trahison, en résultèrent. Pour délit d'espionnage, la Haute-Cour de Leipzig prononça des peines allant jusqu'à 2, 4 et 6 années de réclusion. Le poing de fer du vainqueur s'appesantit une fois de plus sur les têtes de Français (Fransosenköpfe) ou Françillons (Fransöslinge), en Alsace, et causa des deuils et des désastres dont personne ne saura jamais mesurer toutes les profondeurs.

Dans des «Lettres d'Alsace Lorraine, » vibrantes de patriotisme, adressées à la « Revue Alsacienne » de Seinguerlet, Jacques Kablé défendait sans relâche la cause de l'Alsace opprimée. Réélu député de Strasbourg aux grandes élections protestataires du 21 février 1887, il aurait sans nul doute subi le même sort que son collègue Antoine de Metz, car « l'expulsion de tous les agitateurs tant indigènes qu'étrangers » avait été décidée à Berlin, suivant les Mémoires du prince de Hohenlohe, s'il n'avait pas été gravement malade déjà au moment de sa réélection. Les médecins l'avaient envoyé à Nice Le 23 février un violent tremblement de terre se produisit à Nice. Obligé de se sauver de l'hôtel où il était descendu, il se vit dans la nécessité de camper pendant de longues heures, en plein air, au bord de la mer. Il prit un violent refroidissement qui lui fut fatal. Il revint à la hâte à Strasbourg, où il mourut le 8 avril 1887.

Sur sa tombe, aucun discours ne fut prononcé. Le gouvernement avait imposé cette condition pour les obsèques. Il rendait ainsi, sans le vouloir, par-dessus la tombe de Jacques Kablé, un suprême et éclatant hommage, plus éloquent que tous les discours, à l'homme de cœur et de caractère qui venait de s'éteindre, au patriote fier et digne qui n'avait jamais courbé la tête devant le conquérant et qui avait conservé jusqu'à son dernier jour sa fidélité au passé et sa foi dans l'avenir de la patrie.

Entre temps, une **génération nouvelle** avait grandi dans le pays, la première de celles que le conquérant s'était promis de former à son image à l'école allemande. Avec un zèle fervent et une énergie radicale, nous l'avons vu déjà, il avait écarté du chemin des jeunes Alsaciens-Lorrains dont l'enseignement obligatoire s'emparait dès l'âge de 6 ans, tout ce qui aurait pu devenir pour eux une source de vie et de pensée française. Il avait ainsi préparé une sorte de terre vierge où son action germanisante, pensait-il, pourrait se donner libre carrière.

La plupart des parents laissaient faire. Ils évitaient d'éveiller dans le cœur de leurs enfants, surveillés de près et sou-

mis à la discipline très sévère de l'école,
du lycée ou du gymnase, des idées ou des
sentiments dont la manifestation, sous
une forme quelconque, aurait pu leur
causer des ennuis, nuire à leur avancement régulier et entraver la bonne marche de leurs études.

Livrée ainsi, sans défense, à des in-
fluences savantes, systématiques et inté-
ressées qui faussèrent son éducation, la
génération nouvelle qui ne connaissait
rien ou très peu de la France et du passé
le plus glorieux de son pays, subit forcément, inévitablement, une certaine apparence de germanisation.

Ce n'était cependant qu'une apparence,
une germanisation factice. C'était
une plante exotique qui ne pouvait prendre racine, parce que la composition du sol
ne s'y prêtait pas. En effet, une fois sorti
de l'école, dégagé de l'étreinte des professeurs allemands, le jeune Alsacien attei-
gnant petit à petit l'âge de raison, fut naturellement amené à réfléchir un peu par
lui-même aux hommes et aux choses qui
l'entouraient. Ses parents, ses aînés, ses
amis se mirent à lui parler de tout plus librement, aussi de la France, à lui dire ce
qu'avait été le passé et ce qu'il fallait
penser du présent. Il apprit alors qu'en
1870, à la suite de deux siècles de pensée
et de vie en commun, l'Alsace était et se
sentait française de cœur et d'âme, qu'elle

s'était librement et entièrement attachée
à la grande patrie française. Il apprit ce
que nous devons à la France et ce que
nous ne pourrons jamais oublier. De tous
les côtés on lui tint un langage à peu près
semblable aux paroles que j'ai eu l'honneur de prononcer en octobre 1909, le jour
de l'inauguration du monument français
de Wissembourg et que je me permets de
rappeler ici : « Laissant l'Alsace se déployer librement dans la nationalité française, la France nous a charmés et conquis par la douceur, la grâce et la générosité de son âme nationale. Dans son atmosphère bienfaisante et chaude, deux
siècles de luttes, de joies et de souffrances
communes ont communiqué à la nature
un peu plus rude de nos populations alsaciennes des qualités de cœur, d'esprit et
de tempérament dont nous savons apprécier la valeur et que nous tenons à conserver comme un patrimoine sacré. »

Alors le jeune **Alsacien** de la nouvelle
génération comprit que la prétendue supériorité du génie allemand dont on lui
avait rabattu les oreilles, n'était qu'un
leurre, que les notions de droit, de devoir, de justice et d'histoire qu'on lui
avait inculquées dans un but spécial et
intéressé, étaient truquées. Il comprit et
finit par ressentir lui-même la cruelle
violence faite aux sentiments, à la volonté, à la conscience de ses aînés par l'an-

nexion de leur pays natal contre leur gré
et malgré leur protestation. Ce pays était
aussi le sien. Bientôt la raison et le cœur
furent d'accord pour lui dicter sa conduite. Résolument. le jeune Alsacien se rangea du côté des vaincus, des opprimés,
du côté de son père, de sa famille, de son
pays, de sa patrie. Et il jura non seulement de continuer la lutte contre l'oppression commencée par les anciens, mais
de la mener avec plus de vigueur, avec
des armes plus puissantes et des moyens
plus efficaces, grâce à sa connaissance de
la langue, des lois et des procédés de l'adversaire commun.

Les enfants du pays qui, dans les dix et
vingt dernières années ont succédé à la
première génération, ont traversé à peu
près les mêmes phases et ont abouti à la
même conclusion, avec cette seule différence que par une progression naturelle,
l'idée de résistance à l'oppression
est devenue, chez eux, plus **âpre et plus
ardente** que chez leurs devanciers d'il
y a 20 et 40 ans. —

C'est la **faillite, la faillite complète,
absolue de l'œuvre d'assimilation
entreprise par le conquérant :**
ta tactique imaginée par l'Allemagne pour
dresser les générations nouvelles contre les
générations anciennes, pour détacher le
présent du pays conquis de son passé, a mi-
sérablement avorté. Nos adversaires eux-

mêmes en conviennent. Il n'y a pas chez
nous, àl'heure qu'il est, un seul homme
éclairé et sincère, tant du côté allemand
que du côté alsacien, qui ne soit obligé de
reconnaître que dans le for intérieur, dans
la conscience intime, l'antagonisme des
deux races, des deux mentalités que le
hasard des événements a mises en présence en Alsace-Lorraine, n'a jamais été
plus profond qu'aujourd'hui.

L'insuccès de la germanisation est
complet à tel point que certains ralliés,
rares et isolés du reste parmi les indigènes, qui par faiblesse ou par un trop grand
souci de leurs aises, se sont laissés attirer
dans le camp des pangermains, nous sont
revenus au bout de quelque temps avec
ce cri du cœur éminemment caractéristi-
que : « Décidément, il n'y a pas moyen
de s'entendre avec ces gens-là ! »

Faut-il, d'ailleurs, s'étonner de ce résultat ? Non. La conquête morale d'un
peuple ne se réalise pas par les mêmes
moyens que la conquête matérielle. Ce
n'est pas par les violences, les menaces et
la terreur qu'on gagne les cœurs. Il faut
du doigté, de la douceur, de la patience,
de la générosité, et avant tout, une atmosphère de liberté où l'annexé peut se
sentir à l'aise.

Je connais parmi les Allemands, des esprits distingués et bienveillants qui, in-
dividuellement, dans leurs relations per-

sonnelles et officielles, se montrent aimables envers la population indigène. Il y en a même qui pensent et sentent presque comme nous, avec lesquels nous entretenons d'excellents rapports et qui déplorent sincèrement les maladresses et les tracasseries de tous genres qu'on nous fait subir. Tandis que notre attitude simple, ferme et malgré tout courtoise, a le don d'exaspérer les pangermains, ces Allemands qui ont l'âme haute et le cœur droit, ne peuvent s'empêcher de nous approuver dans le silence de leur conscience. Ils agiraient comme nous, si la fortune leur avait été contraire en 1871, et si depuis l'annexion, ils se trouvaient à notre place de vaincus malmenés. Ces esprits clairvoyants et généreux toutefois, sont noyés dans la masse. L'ensemble du peuple conquérant, la collectivité, la race allemande telle qu'elle se présente et s'affirme chez nous, inspirée par le caporalisme, par l'esprit de domination prussien, n'admet et ne comprend pas qu'on puisse user de la douceur, de la générosité et d'un régime de liberté pour tenter d'assimiler une population récalcitrante. Avant de s'attaquer à la population française en Alsace-Lorraine, la Prusse s'était déjà emparée de plusieurs autres nationalités étrangères : les Danois du Sleswig et les Polonais. Or, malgré tous ses efforts, le géant allemand n'a pas réussi à

digérer une seule de ces nationalités étrangères, il n'a su assimiler aucune de ses
conquêtes. Incapables, par la logique de
leurs origines et de leur mentalité nationale, de comprendre le problème psycho·
logique qui se pose pour elles en Pologne,
en Sleswig et en Alsace-Lorraine, l'**Allemagne et la Prusse**, par leurs procédés
maladroits et tracassiers, loin d'apaiser
les esprits et de gagner les sympathies des
populations conquises, n'ont fait qu'ag-
graver partout, **qu'envenimer de plus
en plus le conflit des races et des
nationalités.** --

Les élections protestataires de 1887 et,
à leur suite, la nouvelle tentative du conquérant d'écraser la résistance des populations annexées, avaient eu pour consé-
quence de rejeter la terre d'empire dans
le silence de mort des 10 premières années de l'annexion. —

A partir de 1895 un nouveau mouvement de vie politique se dessine dans le
le pays Il part essentiellement de la nouvelle génération. Pendant plusieurs années. jusqu'en 1900, il n'y a guère qu'un
petit nombre d'hommes qui osent, soit au
moment des élections générales, soit à la
tribune du Reichstag, soit dans certains
organes de la presse sévèrement muselée,
faire valoir les justes revendications du
peuple opprimé. On court au plus pressé.
Il s'agit d'obtenir avant tout l'abolition de

la dictature avec ses rigueurs effroyables
et un régime de liberté relative pour la
presse du pays. Ces deux réformes sont
enfin réalisées. La dictature, notamment,
tombe en 1902 avec l'appui d'une majorité quelque peu libérale du Reichstag.

Je ne m'attarderai pas à raconter par
le menu tous les incidents de la campagne qui commença alors pour la conquête
de ce qu'on a appelé « l'autonomie » de
l'Alsace-Lorraine. Cette lutte se déroule
sur le terrain du fait accompli en dehors
de la protestation contre l'annexion so-
lennellement proclamée à Bordeaux et à
Berlin. Elle avait et a encore pour but de
rendre la maison d'Alsace-Lorraine, qui
nous a été imposée, aussi habitable et
aussi confortable que possible.

Il me suffira de vous dire qu'à la suite
de la suppression de la dictature, une
brise bienfaisante traversa le pays, rani-
mant les cœurs assoupis, réveillant les
énergies endormies. Plusieurs représentants des jeunes générations, vigoureux
et courageux, réussirent, malgré le suf-
frage restreint, à pénétrer à la Délégation
d'Alsace-Lorraine à Strasbourg où le conflit des deux cultures, des deux mentalités
éclate fréquemment entre le gouvernement
et les défenseurs de la cause indigène.

Sans trêve ni répit, soutenus par une
partie de la presse, les jeunes députés Alsaciens-Lorrains mènent le combat contre

le régime d'exception. Bientôt le courage
renaît partout. La population tout entière s'anime et s'échauffe. L'Alsace-Lorraine veut avoir son autonomie, elle acclame la devise ; « L'Alsace-Lorraine aux
Alsaciens-Lorrains». Elle réclame sa mise
sur un **pied de complète égalité
avec les autres parties de l'Empire**. Elle veut son gouvernement à elle,
son pouvoir législatif à elle, indépendants
l'un et l'autre dans la même mesure que le
gouvernement et le pouvoir législatif du
grand duché de Bade, du Mecklembourg
et de la minuscule principauté de Reuss,
branche cadette. Elle veut se gouverner
elle-même, régler ses affaires intérieures
à sa guise, vivre de sa vie propre, selon
ses goûts, son originalité et ses traditions.
Elle veut qu'on respecte son **individua-
lité particulière** comme on respecte
celle des Badois, des Bavarois et des autres Etats particuliers de l'Empire.

Toutes ces revendications sont évidemment justes et légitimes. Nous avons les
mêmes devoirs et les **mêmes charges**
que les autres parties de l'Allemagne ; nous
devons, en bonne justice, avoir les **mêmes
droits** et les mêmes libertés.

Mais l'Alsace-Lorraine aura-t-elle son
autonomie ? Je suis convaincu qu'elle ne
l'aura pas, pour deux motifs principaux,
sans compter les énormes difficultés constitutionnelles :

1° L'Empire ne renoncera jamais à avoir la haute main sur la terre d'Empire. Il veut à tout moment, être en mesure de disposer de tous les pouvoirs civils et militaires du pays. Il ne voudra jamais se dessaisir de cette forteresse avancée à la frontière de l'Ouest en faveur d'un Etat alsacien-lorrain indépendant ayant un gouvernement alsacien-lorrain et une population alsacienne-lorraine pénétrée de souvenirs français et attachée à la culture française.

2° Dans le monde des nombreux fonctionnaires qui, au lendemain de la conquête sont venus se fixer dans le pays et qui ont été les premiers pionniers du germanisme, on aime à considérer la terre d'Empire comme une sorte de fief, où, en échange d'un sucroit d'obligations nationales que comporte pour eux la vie en terre conquise, ils prétendent avoir droit, pour eux et pour leur progéniture, à certains privilèges dans les différentes administrations publiques. C'est un sentiment que je comprends parfaitement. Seulement il est incompatible avec l'idée d'autonomie, car il est évident que l'élément indigène, le jour où il serait en possession des pouvoirs publics, tout en respectant les droits acquis des fonctionnaires en place, s'empresserait de mettre un terme, pour l'avenir à ces prérogatives des immigrés. Ces derniers tendront donc néces-

sairement, logiquement, dans leur intérêt
parfaitement compréhensible, à s'opposer
de toutes leurs forces à l'autonomie de
l'Alsace-Lorraine. L'Empire devra toujours tenir compte de cette tendance et de
cet intérêt Il ne voudra et ne pourra pas
abandonner les meilleurs soutiens de sa
domination dans le pays d'Empire.

Voilà pourquoi **nous n'aurons pas
l'autonomie**. Terre d'Empire nous sommes et terre d'Empire nous resterons, tantôt soumis à un régime de vexation et
d'oppression, tantôt bénéficiant d'une période d'accalmie plus ou moins longue, mais
toujours sous le coup de mesures d'exception et livrés au bon vouloir et à l'humeur changeante de conquérants que nous
n'avons pas appelés et de maîtres que
nous n'avons pas choisis.

Nous avons eu, par exemple, de 1902 à
1909, sous le gouvernement bienveillant
de M. de Koeller, une période de calme
relatif qui nous permit de vivre à peu
près selon nos goûts et nos habitudes, de
réaliser même dans la situation générale
du pays une série de précieuses améliorations. Mais ces éclaircies ne durent pas.
Elles ne sont toujours que passagères.
L'Allemand de nos jours, je l'ai déjà dit,
ne comprend et n'admet pas qu'un peuple
conquis puisse vivre d'une vie différente
de celle qu'il veut lui imposer. **L'idée de
la force finit toujours par repren-**

dre le dessus dans l'esprit de nos conquérants.

A peine M. de Koeller était-il admis à la retraite, dès 1909, les pangermanistes crient à la trahison. Ils accusent M. de Koeller d'avoir livré l'Alsace-Lorraine aux ennemis de l'Empire. Ils réclament des mesures de repressions, sévères, sans merci. Et alors nos gouvernants d'Alsace-Lorraine qui ne sont pas libres, qui dépendent exclusivement du pouvoir central de Berlin, prennent peur. Ils redoutent qu'on ne vienne leur reprocher de manquer à leur devoir de gardiens fidèles de l'Empire sur la frontière de l'Ouest. C'est ainsi que depuis 2 ou 3 ans on est de nouveau en train, chez nous, d'extirper par la force tout ce qui ne s'accorde pas avec la domination allemande telle que la conçoivent nos maîtres. De nouveau on frappe à droite et à gauche, on fait la chasse aux emblèmes et aux cris séditieux, aux inscriptions françaises ; on dissout des sociétés inculpées de haute trahison. Les journaux pangermanistes nous accusent d'être payés par la France pour entretenir la haine des Allemands. Ils flairent partout des espions et des traîtres. Une atmosphère de suspicion règne de nouveau partout dans le pays. Le gouvernement tente à l'heure qu'il est, une nouvelle application du régime de fer pour terrasser — avec le succès que nous savons — l'opposition qu'on appelle aujourd'hui « nationaliste » et qu'on appelait autrefois «protestataire ».

Nous en sommes là **en 1913.** C'est tout comme en 1887, tout comme en 1871. Les deux adversaires demeurent en face l'un de l'autre, séparés par une **incompatibilité d'humeur irréductible.** Le vainqueur continue à faire parade de sa force, quoique, par moments, il semble qu'un léger doute se soit déjà glissé dans son esprit au sujet de la solidité de son œuvre de conquête. Quant à nous, habitués aux coups de force qui blessent mais ne tuent pas, nous faisons notre possible pour en atténuer les effets — et pour le reste, nous constatons avec une satisfaction intime que ce n'est pas le système d'assimilation de nos conquérants qui réussira **jamais à détruire dans l'âme alsacienne la précieuse réserve de forces vives et résistantes et l'idéal de justice et de liberté que nous tenons de nos jours meilleurs.**

Les limites de cette conférence ne comportent pas une description circonstanciée de l'évolution économique de l'Alsace-Lorraine depuis 1870. C'est là un sujet qui demanderait des développements détaillés, précis et longs. Je dois cependant constater ici que les secousses politiques nombreuses, violentes et continuelles qu'on fit subir au pays, eurent naturellement

une répercussion profonde et fâcheuse dans
tous les domaines de la vie économique,
matérielle et sociale. Elles eurent notamment pour effet d'affaiblir l'esprit d'initia-.
tive et la faculté d'expansion de la population indigène. Les immigrés, plus hardis, plus entreprenants, moins gênés dans
leurs mouvements que les Alsaciens-Lorrains manquant d'aise et d'entrain, ont
réussi par exemple, à l'heure actuelle, à
s'emparer presque complètement de certaines branches de l'activité commerciale.
Dans les petits et moyens emplois de
l'industrie et du commerce, les Suisses
d'un côté, les Luxembourgois de l'autre
qui possèdent les deux langues, font une
concurrence très sérieuse aux Alsaciens-
Lorrains auxquels on ne permet pas, à
l'école primaire, d'apprendre le français
si nécessaire dans notre pays frontière.
Pendant les 30 et 40 premières années de
l'annexion, la jeunesse intellectuelle s'est
portée vers les carrières libérales, la médecine et le barreau. Aujourd'hui ces carrières sont encombrées L'élite intelligente des nouvelles générations ne sait
presque plus où se caser dans notre petit
pays. Il n'y a pas d'avenir pour elle. Les
différentes administrations publiques qui,
dans une situation normale, offrent de
grandes ressources aux enfants du pays,
sont en très grande partie et tout naturellement réservées aux immigrés et à leur
progéniture qui présentent les garanties

jugées nécessaires au point de vue national. Nos jeunes Alsaciens Lorrains hési-
tent d'ailleurs à briguer ces emplois publics de peur d'être contraints par la
pression chauvine à y perdre leur dignité
d'Alsaciens. La grande industrie avait
fini par trouver certains débouchés en Allemagne. Nous avons vu par l'affaire de
Grafenstaden et la brutale campagne
pangermaniste à laquelle elle a donné
lieu, qu'il y a en Allemagnes de fortes
tendances à lui couper les vivres de ce
côté-là pour réserver les commandes à
ceux que l'on considère comme de bons
patriotes allemands. De cet exposé rapide
il résulte que **l'antagonisme économique** des deux éléments hétérogènes
qui se rencontrent sur le terrain d'Alsace-
Lorraine, est toutaussi violent et profond
que l'antagonisme moral.

Quoique toute fusion, toute pénétration
intime des deux populations paraisse impossible, nous nous sommes toujours ap-
pliqués, en gens bien élevés, à entretenir
des rapports courtois entre l'élément indigène et l'élément immigré dans la vie publique et privée. Nous n'avons pas de
haine contre les Allemands. Nous avons
toujours recherché un modus vivendi honorable et acceptable pour les deux parties. Notre population tout entière s'est
toujours placée sur le terrain du fait accompli, comme si la situation créée par

le traité de Francfort était une situation
absolument légale, absolument incontestable, au point de vue du droit, de la
morale et de la civilisation. Elle observe
les lois et respecte l'ordre établi. Jamais
il n'y a eu, chez nous, la moindre trace de
rébellion. Je tiens à faire cette constata-
tion pour bien établir que les mesures de
rigueur toujours nouvelles, dont nous
sommes l'objet, ne trouvent aucune justi-
fication dans l'attitude pacifique, stricte-
ment légale, voire courtoise, de notre
population.

Ceux qu'on appelle, depuis 1871, les
« Alsaciens-Lorrains », ont peut-être eu
le tort de mal choisir l'heure de leur entrée dans ce monde. L'Alsace-Lorraine
traverse une phase critique de son histoire. Sa situation exceptionnelle lui impose **un effort moral**, un effort d'honnête-
té et de désintéressement **exceptionnel**.
Il est juste de dire que l'élite intellectuelle
du pays et la majorité écrasante du peuple alsacien-lorrain sont à la hauteur de
leur tâche, qu'elles **connaissent et
remplissent leur devoir**. L'Alsacien-Lorrain n'ignore pas que la vie d'une
grande collectivité n'est pas faite des seuls
apports du présent, qu'un peuple vigoureux
et sain tire le meilleur de sa force, son énergie vitale, des racines profondes qui se
sont formées dans le passé et qui lui amènent la sève indispensable à l'épanouisse-

ment du présent et à la préparation d'un avenir digne du passé. Il sait qu'un peuple qui abandonne son âme au vainqueur, qui cesse de lutter pour les biens supérieurs de son pays, finit par perdre le respect de soi-même et le respect de l'Histoire, et mérite de devenir la proie de la conquête et de l'oppression. —

C'est **une page d'histoire** que je me suis proposé de vous présenter, un tableau aussi complet et aussi fidèle que possible de l'état de choses en Alsace-Lorraine depuis la conquête jusqu'à nos jours. Chez nous, on ne nous écoute pas, on ne nous comprend pas. C'est pour cette raison que nous nous sommes décidés à porter nos justes revendications *devant le tribunal pacifique de l'opinion publique de l'Europe*, qui manifeste si vivement depuis quelque temps, à l'égard des populations balkaniques, ses grandes idées de justice et de solidarité. Et personne ne nous empêchera d'élever notre voix partout où nous le jugerons utile et nécessaire. Il faut qu'on sache, dans le monde civilisé, qu'il y a, au **centre de l'Europe moderne,** un peuple oppressé qui, pourvu d'une ancienne et haute culture, passionnément adonnée aux travaux de la paix, manque des conditions essentielles d'une **existence normale et digne.**

L'Empire allemand possède l'Alsace-Lorraine en vertu du traité **de Francfort,**

conclu entre la France et l'Allemagne.
*L'Alsace-Lorraine n'a jamai sadhéré à
ce traité.* Sa parole n'a jamais été enga-
gée en faveur de ce traité. Sa parole est
donc toujours réservée. Non seulement
l'Alsace-Lorraine n'a jamais accepté ou ra-
tifié ce traité, mais elle a formellement
protesté contre sa cession et son incor-
poration à l'Allemagne. Voilà les faits,
simples et clairs.

Il y a des juristes qui déclarent docte-
ment que tout cela n'a pas de valeur,
qu'il n'y a plus de question d'Alsace-Lorraine, qu'elle a été définitivement tran-
chée par le traité de Francfort. Laissons
ces braves gens à leur douce manie. et
tenons-nous en aux faits : **La protestation** de Bordeaux et de Berlin constitue
un fait historique. Ce fait historique est
tellement clair, tellement éclatant, tellement lumineux, d'une puissance morale
tellement grande, qu'il faudrait, en tous
cas, **un acte équivalent**, une manifestation également formelle, également nette, évidente et libre du peuple alsacien-lorrain, exprimant une volonté et des sentiments contraires, pour l'annuler, pour le
rayer de notre histoire.

Après 42 ans de domination, il semble
qu'on doive tenir à honneur, devant sa
propre conscience et devant la conscience
européenne, de faire voir enfin à tout le
monde que l'annexion de 1871 était une

bonne et non une mauvaise action. Qu'on consulte donc les populations annexé !es Qu'on adopte l'idée si simple, si honnête et si juste que notre éminent compatriote, M. Auguste Lalance, de Mulhouse, ancien député au Reischtag, a émise récemment, dans une lettre adressée au *Journal d'Alsace Lorraine :*

« Ce qui compte aujourd'hui », dit-il, « ce sont les sentiments *actuels* des populations. Qu'on consulte donc les populations d'Alsace-Lorraine sur leur nationalité, et, si leur vote est libre, nous l'accepterons comme un arrêt souverain. Une fois ce vote acquis, on pourra envisager un rapprochement des deux pays, — la France et l'Allemagne. » Et il ajoute : « A quand le vote libre? A quand le traité d'alliance? »

Lorsque nous affirmons qu'au-dessus du droit écrit et des traités formels imposés par la force des armes, il y a le droit naturel d'un peuple de disposer de sa nationalité, les meneurs pangermanistes nous accusent de pousser à *la guerre.* Nous protestons contre une semblable insinuation. D'abord, ce n'est pas nous qui déciderons jamais de la paix et de la guerre en Europe.

Ensuite, nous n'hésitons pas à déclarer que nous ne voulons pas qu'on fasse la guerre pour nous ou à ceux de nous, avec tous les deuils et les désastres qu'elle entraînerait à sa suite. Nous ne faisons appel à personne pour soutenir nos droits et nos libertés par une violence ou une menace quelconques.

Nous n'avons pas besoin, croyons-nous de la guerre pour assurer à notre pays tôt ou tard, une situation conforme à ses vœux dans l'Europe civilisée. Nous savons attendre et nous attendons. Nous avons la conviction que la justice immanente amènera **inévitablement, fatalement, une nouvelle discussion de la question d'Alsace-Lorraine**, où l'Europe entière — y compris l'Allemagne — devra, voudra enfin nous entendre. La question d'Alsace-Lorraine, de l'aveu de tous les hommes sincères, éclairés et non prévenus de tous les pays. est le cauchemar de l'Europe. C'est la faute commise par l'Allemagne en 1871 qui est la cause essentielle des armements ruineux de la Triple Alliance et de la Triple Entente. C'est de la question d'Alsace-Lorraine que dépend et dépendra de plus en plus l'équilibre européen. Le jour viendra où toutes les puissances de l'Europe — l'Allemagne comprise, encore une fois — éprouveront le besoin impérieux, irrésistible de régler enfin cette question brûlante qui empêche l'Europe tout entière de respirer librement et de se livrer sans crainte aux travaux féconds de la paix.

De nos jours le monde va vite, les opinions en apparence, les plus réfléchies, les convictions les plus fortement enracinées changent vite aussi. Ce qui aujourd'hui semble impossible, est vraisemblable demain, devient une réalité dans 3 mois ou dans 3 ans. Ce qui s'est passé dans les Balkans, depuis quelques mois, est là pour le prouver. Non seulement les grandes puissances qui représentent l'opinion publique de l'Europe, ont complètement changé d'opinions et de convictions en moins de trois mois, au sujet du sort de la **Turquie** et des **Etats Balkaniques** mais tout le monde a dû se convaincre que, même chez des populations moins cultivées que la nôtre, chez des populations qu'on traite de demi-barbares, le principe des nationalités et le droit des peuples de disposer d'eux-mêmes ne peuvent plus de nos jours, être considérés comme de vains mots. Il a été démontré aux esprits les plus sceptiques que **même plusieurs siècles de domination extérieure ne suffisent pas** pour asseoir une conquête surdes bases solides, lorsqu'à la conquête extérieure ne vient pas s'ajouter, la **conquête morale des nationalités opprimées.** Le spectacle que les Balkans et les grandes puissances — y compris l'Allemagne, je le répète — nous ont donné dans ces derniers temps, est un spectacle consolant et réconfortant pour tous les **opprimés en Europe. —**

— Dans ces conditions, à travers les épreuves de tous genres que nous subissons depuis 1871, notre devoir d'Alsacien-Lorrain apparaît précis et net : *Gardons notre précieuse culture française comme un dépôt sacré ! Sans crainte et sans haine maintenons et affirmons les droits de notre peuple envers et contre* tous, *et attendons* dans la paix et le calme relatif que nous laisse notre régime d'exception. Pour nous aussi le jour viendra, où les vœux de notre pays seront entendus comme il est venu pour Nice, pour la Savoie et pour l'**Albanie**.

La cause générale de la civilisation est intimement liée au drame qui se déroule en Alsace-Lorraine. Nous avons un rôle à jouer dans l'histoire de l'humanité ! On a fait de nous des victimes du principe : « La forcé prime le droit », qui était en honneur dans les temps anciens. Nous leur opposons cet autre principe qui est en honneur dans les temps modernes : **« Le droit finit par primer la force »**. Et nous osons espérer que l'histoire dira un jour : La cause de la civilisation, de la vraie, de celle qui ne repose pas sur la force, sur la force grossière, mais sur la justice et la vérité, sur la volonté, les sentiments et la liberté des peuples, n'a jamais eu de défenseurs plus nobles et plus dignes que les Alsaciens-Lorrains.

JACQUES PREISS.

APPENDICE

LA QUESTION UHRICH

ET LE SIÈGE DE STRASBOURG

LA QUESTION UHRICH
ET LE SIÈGE DE STRASBOURG

A la suite de la conférence de M. Henri Welschinger sur *Le général Uhrich et le siège de Strasbourg*, M. Lucien Delabrousse crut devoir dans la *Revue positiviste et internationale* du 1er janvier 1913 et dans le *Messager d'Alsace-Lorraine* des 18 janvier, 1er février, 8, 15, 29 mars et 12 avril 1913, contester les conclusions du conférencier et pouvoir établir que la défense de Strasbourg n'avait pas été poussée jusqu'aux dernières limites et que la reddition de la ville s'était faite dans des conditions que les lois militaires n'admettaient pas. Il voulut faire figurer parmi les auteurs des coupables défaillances qui avaient perdu l'armée et le pays en 1870, le général Uhrich lui-même, et blâma sévèrement le général d'avoir capitulé prématurément, en exaltant outre mesure l'héroïsme du préfet Valentin au détriment du défenseur lui-même qui avait cependant mérité de la ville le titre de citoyen de Strasbourg et du gouvernement de la Défense Nationale, la croix de Grand Officier de la Légion d'honneur. Nous tenons à publier les diverses réponses que M. Henri Welschinger a faites aux objections et aux critiques amères de M. Lucien Delabrousse. Les voici dans l'ordre où elles ont eu lieu et telles qu'elles ont été adressées au directeur du *Messager d'Alsace-Lorraine* :

Paris, le 20 janvier 1913.

MONSIEUR LE DIRECTEUR,

A propos de la conférence que j'ai faite le 9 décembre dernier, dans la salle de la Société de Geographie (Conférences alsaciennes-lorraines) sur *Le général Uhrich et le siège de Strasbourg*, et qui a déterminé vingt et un conseillers municipaux de Paris à proposer de rendre à l'une des rues de la capitale le nom du général — nom qui avait été supprimé en 1875 sur le rapport de M. Beudant, — M. Lucien Delabrousse reprend contre le défenseur de Strasbourg le réquisitoire qu'il avait dressé contre lui dans son livre : *Un héros de la défense nationale : Valentin*. Contrairement à mes conclusions, il lui reproche, avec le Conseil d'enquête des capitulations, avec les attestations de Signouret, Ad. Le Reboullet, Moritz Brunner, Prévost, Dussieux, de Bodenhorst, Reinhold Wagner, et autres écrivains français et étrangers — car les Allemands, les Autrichiens et les Belges se sont mêlés aussi de cette affaire — de n'avoir pas poussé la défense de Strasbourg jusqu'à ses extrêmes limites et d'avoir rendu la place dans des conditions où les lois militaires ne l'admettaient pas.

Le général Uhrich avait déjà répondu péremptoirement aux conclusions sévères du Conseil d'enquête, qui avait blessé les Strasbourgeois et la vaillante garde nationale de cette ville, dans son livre : *Documents relatifs au siège de Strasbourg,* auquel je me permets de renvoyer le lecteur (Dentu, 1872, 1 vol. in-8°). Il avait répondu également en 1871 à diverses personnes qui l'avaient attaqué violemment et injustement. Enfin, à des questions nombreuses sur la conduite du siège et sur ses propres agissements, posées par M. Campaux, professeur à la Faculté de lettres de Strasbourg, et combattant du siège, il avait donné les réponses les plus précises et les plus satisfaisantes. MM. Campaux, le pasteur Eschenauer, A. Schneegans, le lieutenant Bonnefoy, le docteur Goldschmidt et autres acteurs ou témoins du siège, avaient reconnu et salué la bravoure et l'énergie du général Uhrich. Enfin, les lettres du général en date, des 18, 21 et 25 août, 3, 6, 10, 11, 18, et 20 septembre 1870 au général badois de Werder, qui le sommait de se rendre, sa lettre du 19 septembre au Conseil municipal et sa lettre du 24 septembre au grand duc de Bade, sont la meilleure preuve de sa résistance intrépide et de son ardent patriotisme.

M. A. Schneegans a fait ainsi justice de ceux qui, à Strasbourg, incriminaient le général Uhrich et ses collaborateurs : « On vit alors sortir de leurs caves et des réduits où ils avaient caché leur terreur depuis un mois, des hommes plus patriotes soudain que quiconque, qui, le geste impérieux, se mirent à accuser de trahison le général et le préfet républicain, et le maire et la Commission municipale, et tous ceux, enfin, qui, de près ou de loin, avaient joué un rôle en ces terribles semaines. Triste engeance qui monte à la surface les jours de grands troubles, et qui, à Strasbourg, en ce moment là, était plus dangereuse pour la ville que les ennemis eux-mêmes ! » Et c'est cette racaille qu'on écouterait et qu'on transformerait en une cohorte de patriotes intransigeants !

Le vaillant docteur Küss, que j'ai connu et que tous les Strasbourgeois ont aimé et admiré, n'a pas plus été ménagé que le commandant de la Ville. Il le prévoyait bien. « Que de fois, dans nos heures d'abattement, rappelle Schneegans, ne nous a-t-il pas dit avec un singulier sourire : Nous avons été acclamés hier, nous serons sans doute traînés sur la claie demain, comme l'a été ce brave général Uhrich. Mais notre rôle est de nous sacrifier pour nos concitoyens ! » Et Küss l'a fait comme il l'a dit.

Ce que j'ai déclaré dans ma conférence, au sujet du patriotisme et du courage sincères du général Uhrich, est résumé dans ces quelques lignes du docteur Goldschmidt, témoin de ce terrible siège, et dont nul ne peut contester la haute et loyale impartialité : « Ce que son devoir de soldat imposait au général Uhrich dans la triste situation où il se trouvait, c'était de retenir le plus longtemps possible les 60,000 ennemis devant Strasbourg... Il a accompli en brave et jusqu'au bout cette tâche. S'il avait, dans l'organisation de la défense, évité les fautes qu'on lui a reprochées, et s'il avait prolongé de quelques heures la résistance, le résultat eût été le même, car avec les brèches existantes, la place n'aurait pu tenir plus longtemps. » C'est ce qu'a reconnu également le capitaine du Petit-Thouars lui-même.

Et dans quel état d'ailleurs se trouvait la ville à la veille de la capitulation, la ville dont le Conseil de défense et M. Lucien Delabrousse reconnaissent à peine la situation désespérée ? 250 canons badois avaient jeté sur Strasbourg 193,722 bombes ou obus. Pendant trente et un jours et trente et une nuits de bombardement, la ville avait reçu 6,949 projectiles par journée, 269 par heure, 4 ou 5 par minute, 10,000 habitants sans asile et dépourvus de tout, se blottissaient dans les caves, dans les églises, dans les trous des remparts. On enterrait les morts sous le feu des assiégeants et les vivants succombaient parfois à côté des morts. La plupart des monuments étaient abattus. Les places, les rues étaient remplies de décombres fumants.

Un millier de maisons écroulées, trois cents civils tués, deux mille blessés, un quart de la garnison (qui était de 14.000 hommes) tués ou blessés. Partout, la ruine, l'horreur, la désolation, les hospices, ambulances et hôpitaux encombrés de blessés, et mourants... Et Strasbourg n'aurait pas encore assez fait pour bien mériter de la patrie !

Quoi qu'en disent les adversaires acharnés du général Uhrich, ils ne pourront effacer les faits suivants. Le ministre de la Guerre intérimaire, l'amiral Fourichon, auquel on a prêté des paroles insultantes pour le défenseur de Strasbourg, lui avait écrit cette lettre flatteuse :

Le pays tout entier, par l'organe du Gouvernement national, exprime à l'héroïque garnison de Strasbourg et à son digne chef sa confiance et son admiration. Veuillez vous faire l'interprète de ce sentiment auprès des défenseurs de la place. Le Gouvernement national, désireux de ne pas retarder la concession des récompenses qu'il destinait à ses défenseurs, vous délègue les pleins pouvoirs pour nommer dans l'ordre de la Légion d'honneur les militaires de l'armée active et de la garde nationale mobile, ainsi que les gardes nationaux sédentaires qui, parmi tant de braves, se sont plus particulièrement signalés.

Auparavant, la ville de Strasbourg avait décerné au général Uhrich une suprême récompense par le diplôme d'honneur que voici :

La Commission municipale de Strasbourg, voulant rendre un éclatant témoignage au général de division Jean-Jacques-Alexis Uhrich, commandant la 6ᵉ division militaire et commandant supérieur de cette place, grand-officier de la Légion d'honneur *pour sa glorieuse défense de Strasbourg ;* voulant reconnaître également la sollicitude et la bienveillance qu'il a témoignées aux habitants de la ville et à ses représentants pendant la calamiteuse période du siège à jamais mémorable de la place ;

| Déclare que le général Uhrich *a bien mérité de la ville de Strasbourg et lui confrère le titre de citoyen de cette ville.*

Fait à Strasbourg le 15 septembre 1870.

Le Secrétaire,   *Le Président*

Huck.   Kuss.

A cette récompense si méritée à laquelle applaudirent tous les Strasbourgeois, la Délégation de la Défense nationale ajouta celle de grand-croix de la Légion-d'honneur, et le gouvernement de Paris, l'attribution du nom d'Uhrich à l'avenue de l'Impératrice. Sans reprocher au général d'être venu à Tours rendre compte du siège de Strasbourg et hâter l'attribution de récompenses pour ses défenseurs, la Délégation lui offrit le château de Pau pour aller s'y remettre de ses fatigues avec sa famille. Uhrich déclina cette offre trop flatteuse et, ne pouvant plus combattre, se retira à Montreux, dans le canton de Vaud, en un modeste hôtel. C'est là qu'il put encore venir au secours de ses camarades de l'armée de l'Est et leur assurer des vivres, des vêtements, des secours en argent et des récompenses. Il en fut hautement félicité par le ministre de la Confédération, M. Kern.

Tel est le soldat qui, comme le général Bourbaki, a été et est encore si cruellement traité !

M. Delabrousse termine son article en associant les noms d'Uhrich et de Bazaine, et il émet l'espoir que nous ne verrons plus les actes de trahison et les coupables défaillances qui ont perdu l'armée et le pays en 1870.

Le général Uhrich ne méritait pas cette offense inattendue. Car, s'il avait été à Metz à
la place de Bazaine, on peut hautement affirmer que Metz serait encore à la France.

Je vous prie, Monsieur le Directeur, de
vouloir bien insérer cette réponse dans votre
plus prochain numéro et d'agréer, etc.

HENRI WELSCHINGER.

(*Le Messager d'Alsace-Lorraine* du 1 fév. 1913)

Paris, le 2 février 1913.

MONSIEUR LE DIRECTEUR,

Je ne puis laisser la réponse de M. Lucien
Delabrousse sans une réplique immédiate. Je
le ferai, comme c'est mon droit, avec « la
belle assurance » qu'il veut bien me reconnaître et que ses vives attaques n'ont pas du
tout ébranlée.

M. Delabrousse me reproche d'avoir entrepris « de réviser un procès plaidé et jugé depuis 1872 », et d'avoir « entraîné dans mon
aventure une vingtaine de conseillers municipaux de Paris ». Or, je n'ai nullement voulu
reviser le procès de 1872, car je n'ai demandé
que le rétablissement du nom du général Uhrich sur une des voies publiques de la capitale et qui avait été effacé en 1875 sous le
seul prétexte qu'on ne devait pas y mainte-
nir le nom d'un homme encore vivant. Si la
radiation du nom d'Uhrich avait été une flé-
trissure officielle, il eût fallu le dire. Qui
donc a osé faire cette déclaration ?

Je n'ai nullement été entraîné dans ce que
M. Delabrousse appelle si joliment « mon aven-

ture » aucun conseiller, car la demande au Conseil municipal a été faite à mon insu. Je n'ai pas non plus cherché une diversion facile en parlant des souffrances de Strasbourg pour éviter ainsi de réfuter les arguments du grand Etat-Major allemand et des autres étrangers, auxquels M. Delabrousse attache tant de prix. J'ai rappelé — et j'en avais le droit — qu'on avait été injuste pour la garde nationale sédentaire accusée faussement d'avoir abandonné ses postes et pour n'avoir rien dit de la vaillante résistance de la population strasbourgeoise. Je n'ai nullement eu l'intention de porter « une main téméraire » sur la sentence du Conseil d'enquète qui, tout en blâmant le général Uhrich de n'avoir pas soutenu un ou plusieurs assauts au corps de place, a constaté cependant que la garnison était insuffisante pour la défense, et par le nombre et par la composition.

N'en déplaise à M. Delabrousse qui, en déniant à certains la possibilité « d'incarner l'idée patriotrique », paraît se la réserver à lui-même — car il nous fait, à cet égard, des objurgations enflammées, — il m'était bien permis de rappeler que Strasbourg ayant vu anéantir sa pauvre artillerie, démolir ses remparts, incendier sa citadelle, ayant perdu plus du quart de sa garnison, ayant eu le tiers de ses maisons et ses monuments brûlés, 1.200 habitants tués, et 10.000 sans abri, n'ayant enfin aucun recours à attendre du dehors et ayant résisté, dans ces tristes conditions, pendant plus de deux mois sous une pluie d'obus continuelle, Strasbourg pouvait croire que l'honneur était satisfait. Etait-ce

là une diversion de ma part ? Et cette résistance, à qui en revenait l'honneur ? Au commandant de la place, le général Uhrich.Quel
intérêt a donc M.Delabrousse à outrager un
vieil officier dont toute la carrière a été une
longue suite de vaillance et d'honneur ?

Quant à la brèche du bastion 11, elle était
praticable, quoi qu'en disent certains étrangers, auxquels M. Delabrousse accorde plus
de confiance qu'à nos officiers. Voici ce qu'en
disait, entre autres, le colonel du 26ᵉ d'artillerie, M. Petit-Pied, le 15 février 1872 :

« L'ennemi avait commencé deux brèches ;
l'une d'elles allait être praticable. Il n'était
plus permis de mettre un homme ou un canon sur le front d'attaque pour entraver les
travaux de l'assiégeant couronnant le chemin
couvert et commençant la descente du fossé.
Dominé de toutes parts, le front d'attaque
était inhabitable et il n'était pas permis de
songer à y construire un retranchement extérieur. Le brave colonel Blot qui, avec son 87ᵉ
régiment, a été l'âme de la défense sur le
point d'attaque, déclarait, lui, à l'approche
du moment suprême pour la défense, qu'il
n'était pas possible de préparer, même aux
environs du point d'attaque, une troupe pour
s'opposer à l'assaut de l'ennemi : il assurait
qu'elle serait anéantie avant d'arriver à la
brèche pour en défendre l'accès. Dans ces conditions, le général Uhrich proposa la reddition de la place au Conseil de défense. Durant
le siège, le Conseil avait pu apprécier la
grandeur d'âme du général ; il l'avait entendu refuser toute protection contre l'émeute
qui grondait et déclarer que, fût-il massacré,

il ne voulait pas ajouter par son fait une
goutte de sang à celui qu'il avait déjà vu cou-
ler. Le Conseil se rangea à l'avis du général
Uhrich.

« Cette note est destinée aux honnêtes
gens, ajoutait le colonel Petit-Pied, pour les
mettre en garde contre les *hâbleurs*. Nous tenons à l'estime des premiers et nous cherchons à oublier les seconds. »

Je pourrais m'arrêter là, car cette note
semble péremptoire, mais il est d'autres accusations que je veux réfuter.

M. Delabrousse trouve que les attestations
de MM. Campaux, Eschenauer, Goldschmidt,
sont des raisons de sentiment, qui ne valent
rien contre les observations du maréchal de
Moltke, du capitaine Bordenhorst, du capitaine Moritz Brunner et d'un autre Allemand
qui a écrit : « La défense de Strasbourg ne mérite
pas les éloges que la France lui prodigue. » Libre à lui d'accepter ce compliment ! Mais aux
attestations de témoins français du siège
que j'ai produites, j'aurais pu ajouter celles du
pasteur Braun, du chef de bataillon Rousseau, du colonel Saglio, du commandant Gei-
sen et autres. J'aurais pu y ajouter aussi de
nouvelles lettres d'autres témoins qui affir-
ment que le général Uhrich a fait tout son
devoir. Au moment où commençait déjà cette
campagne déplorable contre lui, le colonel
Belu lui écrivait, le 23 octobre 1870 : « Je sais
que d'infâmes journaux et de vils calomnia-
teurs cherchent à ternir la gloire que vous
avez acquise en défendant Strasbourg. Nous
avons vu défiler, le 28 septembre, un spéci-
men de ceux qui crient à la trahison. Ces

fuyards de Wœrth, ces soldats qui se cachaient pendant le siège pour s'enivrer ou pour voler, ces Français indignes de ce nom, voilà ceux qui brisaient leurs fusils dont ils ne s'étaient jamais servis, voilà ceux qui criaient à la trahison ! »

Ces gens-là, l'officier Lucien Bonnefoy, que M. Delabrousse croit converti à sa thèse, en disait : « Un certain nombre de soldats, la honte et la lie de l'armée, souillent par leur ignoble conduite, en cette circonstance, l'uniforme qu'ils portent..., ils ne songeaient qu'à sauver leur peau et ils y ont réussi ! » C'est ce qu'avait dit Auguste Schnéegans, que M. Delabrousse récuse, parce qu'il a accepté en 1873 le poste allemand de consul à Messine. Je déplore, comme lui, cette abominable défection, mais est-ce qu'en 1870 Schnéegans ne jouissait pas de la confiance de ses concitoyens ? Est-ce qu'ils ne l'ont pas élu le 5e de la liste du Bas-Rhin à l'Assemblée nationale ? Est-ce qu'il n'a pas protesté avec tous ses collègues contre les préliminaires de paix ? Est-ce qu'il n'était pas alors l'ami de Scheurer-Kestner et du parti républicain ? A ce moment là, sa parole était écoutée, et ce qu'il a dit alors ne peut être constesté, puisque le colonel Belu, Bonnefoy et d'autres confirment le fait

Quant à la capitulation elle-même, est-ce que le Conseil de défense n'a pas été consulté ? Est-ce que les membres de ce Conseil n'ont pas reconnu, après le rapport du colonel Sabatier et du lieutenant-colonel Maritz, que la brèche du bastion 11 était praticable et que la place allait être à la merci de l'ennemi ? Ne faudrait-il pas englober aussi les membres du Conseil de défense dans la réprobation que M. Delabrousse persiste à infliger au général Uhrich ?

Après avoir rappelé l'incurie du gouvernement impérial, qui avait laissé Strasbourg sans munitions, sans artillerie et sans garnison suffisantes, Lucien Bonnefoy s'écriait : « Le général Uhrich fera ce qu'il pourra, mais on ne lui a pas fait la partie belle ! » Et quand on s'étonnait que la place n'eût pas subi un assaut : « Hélas ! dit-il dans son journal, les renseignements arrivent et nous savons bientôt la triste réalité. La place a épuisé ses gros projectiles dont elle n'était pas d'ailleurs approvisionnée. La plupart des pièces ont été démontées. Les Prussiens occupent plusieurs ouvrages avancés et ont fait dans nos remparts des brèches praticables. Un premier assaut serait peut-être repoussé, mais au prix de pertes telles qu'il deviendrait impossible de résister à une seconde attaque. Or, la moitié de la ville est réduite en cendres. Il n'y a aucun secours à attendre. Que faire ?... Courber la tête sous la fatalité. » Voilà ce que disait un témoin qu'on ne peut récuser.

Enfin, M. Delabrousse ose me dire que j'aurais bien fait de passer sous silence les lettres publiées par Uhrich pour sa défense et surtout sa réponse au grand duc de Bade, qui aurait fait l'office de tentateur auprès du général, en lui apprenant la chute de l'Empire qui l'avait nommé. Eh bien, cette lettre, qui répondait à celle du grand-duc, lequel, en nobles termes, faisait appel à la conscience et à l'honneur du général français, rendait pleinement hommage à son énergie et à son courage, et semblait vouloir prendre en considération les souffrances des Strasbourgeois, je veux la donner tout entière. On verra si elle ne forme pas un titre d'honneur pour Uhrich. J'en ai pour témoins les cinq cents auditeurs qui en acclamèrent la lecture, le 9 décembre dernier. La voici :

« Strasbourg, le 24 septempre 1871.

« Monseigneur,

« C'est un bien grand honneur que m'a fait V. A. R., en m'écrivant cette lettre si noble, si sage, si pleine de philanthropie, que je viens de recevoir et qui restera dans ma famille comme un titre de gloire. Croyez qu'il me serait bien doux de pouvoir suivre vos conseils et de faire cesser les souffrances de la population fière et résignée de Strasbourg ; croyez qu'il m'en coûte beaucoup de résister à tout ce que vous me dites. Nul plus que moi, Monseigneur, n'est douloureusement impressionné par l'aspect des ruines qui m'environnent, par le spectacle de ces hommes inoffensifs, de ces femmes et de ces pauvres petits enfants qui tombent frappés par les boulets et par la mitraille.

« Mais, à côté de ces sentiments qu'il me faut comprimer, se dressé le devoir du soldat et du citoyen. Je sais que ma malheureuse patrie est dans une situation critique que je ne veux pas chercher à nier ; je sais qu'elle n'a pas encore un gouvernement définitif ;

mais, permettez-moi de le dire à V. A. R.,
*plus la France est malheureuse, plus elle a droit
aux preuves d'amour et de dévouement de ses enfants.*

« C'est un gouvernement tombé, je le reconnais, qui m'a confié le commandement de
Strasbourg ; c'est à la France que je m'efforce
de conserver cette belle et noble cité. Et que
V. A. R. ne croie pas que c'est par ambition
personnelle que je reste fidèle à mon mandat.
J'aurai bientôt soixante-neuf ans. J'étais au
cadre de réserve depuis plus de trois ans,
lorsque je fus appelé à l'honneur de commander la 6e division militaire. A mon âge, l'ambition n'a plus de racines dans le cœur humain, et l'on est trop rapproché de la fin de
son existence *pour obéir à un autre sentiment que
celui de l'honneur.*

« Il me semble, Monseigneur, que plus la
ville de Strasbourg aura souffert, plus elle
aura droit aux égards et à la générosité de ses
vainqueurs. Quant à sa garnison, qu'elle succombe dans un assaut ou qu'elle soit réduite
à rendre ses armes, elle ne demandera rien
pour elle que le traitement dû au soldat qui a
accompli son devoir. Les rapports que j'ai eus
avec le général de Werder depuis le commen-
cement du siège, rapports toujours empreints
de courtoisie et de loyauté de sa part, me
donnent la confiance qu'il déterminera avec
équité et en ennemi chevaleresque le traitement que les survivants auront à subir. Daigne V. A. R. croire à tout le regret que
j'éprouve de me voir forcé de résister à mon
penchant personnel et aux avis si remplis
d'humanité qu'Elle m'a fait l'honneur de me

donner. Qu'Elle daigne croire que je n'ai pas
la prétention de faire parler de moi, *mais que
je suis simplement un soldat qui obéit aux lois militaires de son pays.*

« Je suis, avec le plus profond respect, etc.

« UHRICH. »

Et voilà la lettre « monstrueuse » qu'il fallait
passer sous silence ! Elle gênait la thèse de
M. Delabrousse, sans aucun doute. Aussi,
l'ai-je publiée.

8 Mars 1913.

Au sujet du brevet de citoyen de Strasbourg
décerné à Uhrich par la Commission municipale, M. Delabrousse voudrait faire croire
que ce brevet a été l'objet d'un marché entre
le général et la Commission municipale en
vue de la capitulation C'est là une supposi-
tion odieuse. Elle tend à atteindre aussi bien
le maire, M. Küss, que le général Uhrich.
Elle n'atteindra ni l'un ni l'autre. M. Delabrousse, qui poursuit M. Küss d'une même
animosité, rappelle incidemment qu'il a assisté au *Te Deum* de l'église Saint-Thomas, à
côté de Werder. Voici ce que répond à ce sujet le docteur Goldschmidt, dont on connaît
la parfaite sincérité : « On a, de certains côtés,
reproché à Küss cet acte de condescendance
envers le vainqueur. Ceux qui ont vu Küss
de près — je suis de ce nombre, ayant été
son élève — savent qu'il personnifiait la
loyauté, la droiture et la fermeté de principes. Il ne se serait jamais plié à l'ordre intimé
par le général de Werder, si sa conscience ne
lui avait imposé ce douloureux sacrifice pour
préserver ses concitoyens des graves repré-

sailles dont ils étaient menacés. L'éloge de Küss n'est plus à faire ; l'histoire a enregistré son dévouement désintéressé à la cause publique. » J'ajoute que l'Assemblée nationale, sur la proposition d'Eugène Pelletán, a voté à l'unanimité pour lui des funérailles nationales. J'étais à Bordeaux quand il y est mort, et je n'ai entendu de la bouche de Gambetta, comme de celle de tous ses collègues, que des paroles de louanges pour ce noble citoyen.

En résumé, je n'ai jamais cru, en demandant le simple rétablissement du nom d'Uhrich sur une des voies publiques de Paris, porter atteinte à la décision du Conseil d'enquête et ouvrir ainsi la porte à ceux qui voudraient réhabiliter Bazaine. Si M. Delabrousse avait lu mon ouvrage sur *la Guerre de 1870*, comme j'ai lu son livre sur un *Héros de la Défense nationale*, il saurait que je ne l'ai pas attendu pour dire ce que je pensais d'un traître. Mais on ne me fera jamais admettre qu'on puisse placer le nom d'Uhrich à côté du nom de Bazaine, et que l'on confonde le défenseur de Strasbourg avec celui qui a livré Metz et son armée à l'ennemi.

Je ne sais si cette réplique plaira à M. Delabrousse, mais j'aime à croire qu'elle satisfera le lecteur impartial. Laissons donc à nos ennemis la gloire de décrier nos morts illustres et ne les réjouissons point par des critiques et des attaques imméritées contre de bons Français !

Veuillez, Monsieur le Directeur, insérer cette lettre dans votre prochain numéro et agréer l'expression de mes sentiments les plus distingués. HENRI WELSCHINGER.

(Le *Messager d'Alsace Lorraine* des 15 et 22 février, 1er et 8 Mars 1913).

Paris, 14 mars 1913.

Monsieur le Directeur,

Ma réponse à la nouvelle philippique de M. Delabrousse sera très courte et le *Messager d'Alsace-Lorraine* n'aura pas besoin de la diviser, comme la dernière, en plusieurs fragments pour en atténuer l'effet.

M Delabrousse n'a pas le triomphe modeste. Il se vante d'avoir reçu des visites, des cartes, des lettres de félicitations nombreuses pour avoir — le moment est vraiment bien choisi ! — essayé de déshonorer le vaillant défenseur de Strasbourg et le maire, M. Küss, un Patriote incontesté. Libre à lui de se glorifier d'un tel triomphe et de m'accuser de jeter « un défi à l'histoire ! » il s'agit seulement de savoir comment on écrit l'histoire, et si elle est réellement juste quand elle est faite de rancune et de haine. La façon dont M. Delabrousse a interprété la lettre du grand-duc de Bade et la noble réponse du général Uhrich, suffit à montrer son équité.

En résumé, que le général Uhrich ait ou n'ait pas son nom sur une des rues de Paris, — où l'on rencontre entre autres celui de Blanqui, le révolutionnaire du 31 octobre 1870, sans que cela offense M. Delabrousse, — cela importe peu. Il sera seulement prouvé, — après cette discussion, — que le rédacteur de la *Revue positiviste internationale* a cherché, mais en vain, à enlever au général Uhrich le titre glorieux de citoyen de Strasbourg, que notre chère cité lui a décerné en

1870 comme la récompense méritée de sa vaillante et honorable défense.

Veuillez, Monsieur le Directeur, insérer cette réponse dans votre plus prochain numéro et agréer l'assurance de mes sentiments distingués.

Henri WELSCHINGER.

(*Le Messager d'Alsace-Lorraine* du 29 mars 1913).

Paris, 30 mars 1913.

Monsieur le Directeur,

M. Delabrousse se fâche. Il m'accable de son « dédain », mais comme on dit à Strasbourg : *Ich blôs d'ruf*, je souffle dessus ! » Et voulant faire prendre le change aux lecteurs du *Messager d'Alsace-Lorraine*, il me reproche de battre en retraite et de décocher le trait du Parthe aux innombrables officiers généraux et même supérieurs qui lui ont donné leur appui. Je ne les connais pas. J'ignore leurs noms et leurs réponses. Je sais seulement qu'ils ont reçu, comme des conseillers municipaux de Paris et des membres de l'Institut, la petite brochure verte : *Légende et Histoire* du rédacteur de la *Revue positiviste internationale*, où celui-ci a dilué les parties dramatiques de son livre sur Valentin et le siège de Strasbourg. Je ne doute pas que cela ait dû les intéresser particulièrement et je joins mes compliments à leurs congratulations.

Mais le positiviste Delabrousse persiste à affirmer que la noble réponse du général Uhrich au grand duc de Bade est «monstrueuse » et il invoque à cet égard « l'opinion d'un général de grand poids ! » Il conclut en disant que la jeunesse française doit s'inspirer, devant les menaces du dehors, des traditions historiques de notre armée, et il cite les noms de Bayard, de Boufflers, de Kléber et autres. Cela est bien, mais je n'ai jamais dit le contraire, et je crois avoir à cet égard des sentiments aussi patriotiques que M. Delabrousse. Il s'étonne, enfin, de voir surgir le nom de Blanqui dans cette discussion, et il appelle cela une diversion. Il n'a pas compris, au moment même où il maltraitait un généreux défenseur de la patrie, que celui qu'il se borne à nommer « le fameux révolutionnaire, » ne méritait pas l'honneur qu'on lui a fait. Il n'a pas compris que le maintien sur un des grands boulevards de Paris du nom de celui qui, au 31 octobre 1870, commettait le crime de vouloir renverser le gouvernement de la Défense nationale devant les Prussiens, était un outrage permanent au patriotisme français. Puisque M. Delabrousse baptise et débaptise les avenues parisiennes, il ferait bien mieux, au lieu de s'acharner contre l'honneur dû à un brave général français, d'employer tout son crédit à obtenir la radiation d'un nom qui ne peut inspirer à cette jeunesse française, dont il paraît tant se préoccuper, que des sentiments de rébellion contre la patrie. Tant qu'il ne l'aura pas fait, il aura

beau reproduire ses vaines et pompeuses ti-
rades contre ce qu'il ose appeler « les coupables défaillances » du général Uhrich qui,
malgré ses récriminations et ses suppositions,
a fait intrépidement son devoir.

Agréez l'expression de mes sentiments distingués.

Henri WELSCHINGER.

(*Messager d'Alsace-Lorraine* du 12 avril 1913).

CONFÉRENCES ALSACIENNES-LORRAINES

Année 1911-1912

9 Novembre 1911. — *La Nouvelle Constitution de l'Alsace-Lorraine*, par M. l'abbé Wetterlé, député d'Alsace-Lorraine.

23 Novembre 1911. — *La Terre d'Alsace*, par M. Paul Acker.

7 Décembre 1911. — *Les Partis et les Hommes Politiques d'Alsace-Lorraine*, par M. René Henry, professeur à l'Ecole des Sciences Poliques.

21 Décembre 1911. — *Strasbourg, son Histoire, ses Monuments*, par M. Henri Welschinger, membre de l'Institut.

11 Janvier 1912. — *La Poésie et l'Humour Populaires en Alsace-Lorraine*, par M. Emile Hinzelin.

25 Janvier 1912. — *L'Alsace-Lorraine et Nous*, par M. André Lichtenberger.

Année 1912-1913

FIGURES D'ALSACE-LORRAINE

4 Décembre 1912. — *Le Général Uhrich et le siège de Strasbourg*, par M. Henri Welschinger, membre de l'Institut.

19 Décembre 1912. — *Soldat d'Alsace : Kleber*, par M. Paul Acker.

7 Janvier 1913. — *Un Evêque de Metz : Mgr Dupont des Loges*, par M. l'abbé Wetterlé, député d'Alsace-Lorraine.

22 Janvier 1913. — *Erckmann-Chatrian et l'Alsace-Lorraine*, par M Emile Hinzelin.

5 Février 1913. — *Le Pasteur Oberlin et l'Alsace d'il y a cent ans*, par M. André Lichtenberger,

17 Février 1913. — *Jacques Kablé et l'Alsace-Lorraine depuis 1870*, par M. Jacques Preiss, ancien député d'Alsace-Lorraine.

Année 1913-1914

5 Novembre 1913. — *La Cathédrale de Metz et ses restaurations*, par M. André Hallays.

19 Novembre 1913. — *Le Cardinal de Richelieu et le Prince de Bismarck*, par M. Henri Welschinger, Membre de l'Institut.

3 Décembre 1913. — *Le Pangermanisme, « Conscience Nationale du Peuple Allemand »*, par M. Paul-Albert Helmer, Avocat.

17 Décembre 1914. — *La Terre Exquise de Lorraine et d'Alsace*, par M. Emile Hinzelin.

14 Janvier 1914. — *Les Défenseurs de Metz, en 1552 et 1814 : Le Duc de Guise et le général Durutte*, par M. le Général Dennery, du cadre de réserve.

5 Février 1914. — *La Mission et l'Avenir de l'Alsace-Lorraine*, par M. Anselme Laugel, ancien Député d'Alsace-Lorraine au *Landessausschuss*.

N.-B. — Toutes ces conférences sont publiées chaque année *in-extenso* dans L'ALSACIEN-LORRAIN DE PARIS organe hebdomadaire des originaire des pays annexés et des amis de l'Alsace-Lorraine (11 Rue de Médicis, Paris VI°).

IMP. A. CHIRON, NIORT

TABLE DES MATIÈRES

—

Préface.   IX

I. — *Le Général Uhrich et le siège de Strasbourg :* Henri Welschinger, membre de
l'Institut.   3

II. — *Soldat d'Alsace, Kléber :* Paul
Acker.   61

III. — *Un Evêque de Metz : Mgr Dupont
des Loges :* E. Wetterlé, député d'Alsace-Lorraine au Reichstag et à la Chambre d'Alsace-Lorraine..   107

IV. — *Erckmann-Chatrian et l'Alsace-Lorraine :* Emile Hinzelin.   149

V. — *Le Pasteur Oberlin et l'Alsace d'il y a
Cent ans :* André Lichtenberger. . .   199

VI. — *Jacques Kablé et l'Alsace-Lorraine depuis 1870 :* Jacques Preiss, ancien député d'Alsace-Lorraine au Reichstag. .   233

APPENDICE

La Question Uhrich et le Siège de Strasbourg   291